정종섭과 김충만이

함께 읽는

대한민국헌법

이 책은 정종섭과 김중만이 함께 만든 헌법읽기 책이다. 「정종섭과 김중만이 함께 읽는 대한민국헌법」은 헌법을 읽는 이들이 헌법조항이 담고 있는 내용을 열린 상상력을 가지고 해석할 수 있게 디자인한 것이다. 헌법이 가진 열린 체계의 의미를 숙고하며 우리 삶의 기본적인 틀에 대해 생각해볼 수 있게 만들었다.

이번 책은 독특하다. 꽃과 헌법이 만난 또 하나의 그림이다. 꽃은 우리가 숨쉬고 살고 있는 현실의 시간과 공간속에서 존재하며 그 의미와 이야기를 전달해준다. 꽃의 색깔과 모양, 존재방식, 우리에게 이야기를 건네는 의사소통의 방식은 그 전체가 텍스트이다. 그리고 꽃은 자기 완결적이면서도 자기가 존재하는 세계에 대하여 열려 있다. 우리가 헌법에 정해놓은 각 규정은 우리네 삶의 기본틀을 짜놓은 것이지만, 그 각각이 하나의 자기완결적인 모습을 보이면서도 서로 연관을 가지고 있고, 우리가 숨쉬는 생활세계로 항상 열려 있다. 그래서 헌법도 열린체계이다.

꽃과 헌법규정은 하나씩 떼어 놓고 보면 자기완결적이면서 동시에 외부세계로 열려 있다. 그러면서 열림이 자기 해체로 가지 않고 자기존재의 고집을 가지고 있다. 꽃과 헌법규정이 가진 그 열림과 자기고집과 서로간의 소통과 긴장이 함께 있는 모습을 이번 작업을 통해 전하고 싶다. 우리의 작업이 의사소통의 장에 들어오는 모든 이와 함께 나눔의 의식을 치르고 싶은 이유이다.

정종섭과 김중만

C O N T

E N T S

대한
민국
헌법

THE
CONSTITUTION
OF KOREA

전문

유구한 역사와 전통에 빛나는 우리 대한국민은 3.1운동으로 건립된 대한민국임시정부의 법통과 불의에 항거한 4.19민주이념을 계승하고, 조국의 민주개혁과 평화적 통일의 사명에 입각하여 정의.인도와 동포애로써 민족의 단결을 공고히 하고, 모든 사회적 폐습과 불의를 타파하며, 자율과 조화를 바탕으로 자유민주적 기본질서를 더욱 확고히 하여 정치.경제.사회.문화의 모든 영역에 있어서 각인의 기회를 균등히 하고, 능력을 최고도로 발휘하게 하며, 자유와 권리에 따르는 책임과 의무를 완수하게 하여, 안으로는 국민생활의 균등한 향상을 기하고 밖으로는 항구적인 세계평화와 인류공영에 이바지함으로써 우리들과 우리들의 자손의 안전과 자유와 행복을 영원히 확보할 것을 다짐하면서 1948년 7월 12일에 제정되고 8차에 걸쳐 개정된 헌법을 이제 국회의 의결을 거쳐 국민투표에 의하여 개정한다.

1987년 10월 29일

1919년 4월 대한민국임시헌장이 최초로 제정되었다. 대한민국 헌법은 1948년 7월 17일에 공포된 후 9차례 개정되었다. 현행 헌법은 1987년헌법이다.

1919년 9월의 대한민국임시정부헌법에 "我 大韓人民은……"으로 시작하는 전문이 처음으로 보인다. "우리 미합중국 국민은……"으로 시작하는 여러 나라의 헌법 전문은 "We, the people……"로 시작하는 미합중국연방헌법에 그 기원을 가지고 있다. 헌법에 전문을 두지 않는 나라도 있다.

공용 연호 : 서력 기원으로 한다. 「연호에 관한 법률」이 있다.

PREAMBLE

We, the people of Korea, proud of a resplendent history and traditions dating from time immemorial, upholding the cause of the Provisional Republic of Korea Government born of the March First Independence Movement of 1919 and the democratic ideals of the April Nineteenth Uprising of 1960 against injustice, having assumed the mission of democratic reform and peaceful unification of our homeland and having determined to consolidate national unity with justice, humanitarianism and brotherly love, and To destroy all social vices and injustice, and To afford equal opportunities to every person and provide for the fullest development of individual capabilities in all fields, including political, economic, social and cultural life by further strengthening the basic free and democratic order conducive to private initiative and public harmony, and To help each person discharge those duties and responsibilities concomitant to freedoms and rights, and To elevate the quality of life for all citizens and contribute to lasting world peace and the common prosperity of mankind and thereby to ensure security, liberty and happiness for ourselves and our posterity forever, Do hereby amend, through national referendum following a resolution by the National Assembly, the Constitution, ordained and established on the Twelfth Day of July anno Domini Nineteen hundred and forty-eight, and amended eight times subsequently.

Oct. 29, 1987

Amended by Jul. 7, 1952

Nov. 29, 1954

Jun. 15, 1960

Nov. 29, 1960

Dec. 26, 1962

Oct. 21, 1969

Dec. 27, 1972

Oct. 27, 1980

Oct. 29, 1987

제1장 총강

제1조
(1) 대한민국은 민주공화국이다.
(2) 대한민국의 주권은 국민에게 있고, 모든 권력은 국민으로부터 나온다.

제2조
(1) 대한민국의 국민이 되는 요건은 법률로 정한다.
(2) 국가는 법률이 정하는 바에 의하여 재외국민을 보호할 의무를 진다.

제3조
대한민국의 영토는 한반도와 그 부속도서로 한다.

CHAPTER 1   GENERAL PROVISIONS

Article 1
(1) The Republic of Korea shall be a democratic republic.
(2) The sovereignty of the Republic of Korea shall reside in the people, and all state authority shall emanate from the people.

Article 2
(1) Nationality in the Republic of Korea shall be prescribed by Act.
(2) It shall be the duty of the state to protect citizens residing abroad as prescribed by Act.

Article 3
The territory of the Republic of Korea shall consist of the Korean peninsula and its adjacent islands.

민주공화국 '대한민국은 민주공화제'라는 규정은 1919년 4월 수립된 대한민국임시정부의 「대한민국임시헌장」 제1조에서 비롯하여 현재까지 이어져 오고 있다. [1]

국민 주권 국민이 헌법을 제정·개정하고, 헌법에 의해 국가가 만들어진다. 국민이 헌법에 앞서고, 헌법이 국가에 앞선다. 국민이 국가의 주인이고 모든 권력의 원천이다.
주권 공동체의 일과 국가의 최고 의사를 최종적으로 결정하는 힘

「국적법」이 있다. 국적의 취득에는 선천적 취득과 후천적 취득이 있다. 우리나라는 선천적 취득에서 부모양계혈통주의인 속인주의(屬人主義)를 원칙으로 하고, 예외로 속지주의(屬地主義)를 취하고 있다. 후천적 취득에는 혼인, 인지(認知), 귀화(歸化), 국적회복, 국적 재취득이 있다. [2]

영토(영역) 조항은 영토(영역)의 매각, 포기, 증여 등과 직결되는 것이다. 대한민국의 의사에 반하여 북한은 북한지역 영토를 처분하지 못한다. 1948년헌법부터 내려오는 조항이다. [3]

제4조

대한민국은 통일을 지향하며, 자유민주적 기본질서에 입각한 평화적 통일 정책을 수립하고 이를 추진한다.

제5조

(1) 대한민국은 국제평화의 유지에 노력하고 침략적 전쟁을 부인한다.
(2) 국군은 국가의 안전보장과 국토방위의 신성한 의무를 수행함을 사명으로 하며, 그 정치적 중립성은 준수된다.

제6조

(1) 헌법에 의하여 체결·공포된 조약과 일반적으로 승인된 국제법규는 국내법과 같은 효력을 가진다.
(2) 외국인은 국제법과 조약이 정하는 바에 의하여 그 지위가 보장된다.

우리의 통일 정책은 자유민주주의와 평화주의에 위반되면 안 된다. [4]
자유민주주의 국민 주권, 인간의 자유와 권리의 최대한 보장, 폭력과 자의적 지배의 배제, 법 앞의 평등, 정교 분리, 법의 지배, 복수 정당, 자유 언론, 대의민주주의, 보통선거, 자유시장경제, 복지, 평화를 핵심 내용으로 보장하는 체제

침략 전쟁에 파병하는 것은 금지된다. 군은 어떤 경우에도 정치적으로 이용될 수 없다. [5]

국제법 존중주의이다. 국가는 자국민을 최우선적으로 보호해야 한다. [6]

Article 4

The Republic of Korea shall seek unification, and shall formulate and carry out peaceful unification policy based on the principles of freedom and democracy.

Article 5

(1) The Republic of Korea shall endeavor to maintain international peace and shall renounce all aggressive wars.
(2) The Armed Forces shall be charged with the sacred mission of national security and the defense of the land and their political neutrality shall be maintained.

Article 6

(1) Treaties duly concluded and promulgated under the Constitution and the generally recognized rules of international law shall have the same effect as the domestic laws of the Republic of Korea.
(2) The status of aliens shall be guaranteed as prescribed by international law and treaties.

제7조

(1) 공무원은 국민전체에 대한 봉사자이며, 국민에 대하여 책임을 진다.

(2) 공무원의 신분과 정치적 중립성은 법률이 정하는 바에 의하여 보장된다.

제8조

(1) 정당의 설립은 자유이며, 복수정당제는 보장된다.

(2) 정당은 그 목적·조직과 활동이 민주적이어야 하며, 국민의 정치적 의사형성에 참여하는 데 필요한 조직을 가져야 한다.

(3) 정당은 법률이 정하는 바에 의하여 국가의 보호를 받으며, 국가는 법률이 정하는 바에 의하여 정당운영에 필요한 자금을 보조할 수 있다.

(4) 정당의 목적이나 활동이 민주적 기본질서에 위배될 때에는 정부는 헌법재판소에 그 해산을 제소할 수 있고, 정당은 헌법재판소의 심판에 의하여 해산된다.

제9조

국가는 전통문화의 계승·발전과 민족문화의 창달에 노력하여야 한다.

어떤 정권도 공무원을 정치적 목적으로 이용할 수 없다. 업무상 지시·복종 관계에 있는 하급자라도 불법적 지시는 언제나 거부할 수 있다. [7]

일당(一黨) 독재는 위헌이다. 정당은 국가기관이 아니다. 정당의 자유를 법률로 침해할 수 없다. [8]

정당 운영비까지 국민의 세금으로 주어야 하나? 민주주의는 민주주의를 부정하는 것까지 허용하지는 않는다. 스스로를 부정하는 체제는 존재하지 않는다. 위헌정당해산심판제도는 집단의 힘으로 헌정 체제를 파괴·전복시키는 행위를 미리 방지하는 장치이다.

우리 역사와 문화의 정체성을 확고히 하려는 것이다. [9]

Article 7

(1) Public officials shall be servants of the people and shall be responsible to the people.

(2) The status and political impartiality of public officials shall be guaranteed as prescribed by Act.

Article 8

(1) The establishment of political parties shall be free, and the plural party system shall be guaranteed.

(2) Political parties shall be democratic in their objectives, organization and activities, and shall have necessary organizational arrangements for the people to participate in the formation of the political will.

(3) Political parties shall enjoy the protection of the State and may be provided with operational funds by the state as prescribed by Act.

(4) If the purposes or activities of a political party are contrary to the fundamental democratic order, the Government may bring an action against it in the Constitutional Court for its dissolution, and the political party shall be dissolved in accordance with the decision of the Constitutional Court.

Article 9

The State shall strive to sustain and develop cultural heritage and to enhance national culture.

제2장 국민의 권리와 의무

제10조
모든 국민은 인간으로서의 존엄과 가치를 가지며, 행복을 추구할 권리를 가진다. 국가는 개인이 가지는 불가침의 기본적 인권을 확인하고 이를 보장할 의무를 진다.

제11조
(1) 모든 국민은 법 앞에 평등하다. 누구든지 성별·종교 또는 사회적 신분에 의하여 정치적·경제적·사회적·문화적 생활의 모든 영역에 있어서 차별을 받지 아니한다.
(2) 사회적 특수계급의 제도는 인정되지 아니하며, 어떠한 형태로도 이를 창설할 수 없다.
(3) 훈장 등의 영전은 이를 받은 자에게만 효력이 있고, 어떠한 특권도 이에 따르지 아니한다.

행복_누구나 행복하게 살 권리를 가지지만, 어느 누구도 타인의 행복을 규정할 수 없다. 국가도 무엇이 행복인지는 정할 수 없다. 10

기본권 헌법에서 보장하는 자유와 권리. 기본권 실현의 제1차적 의무는 국가가 진다.

상대적 평등을 의미하며, 합리적 차별이 인정된다. 개인의 다양한 가치, 개성, 능력, 자질을 부정하는 절대적 평등은 인정되지 않는다. 11

영전_국가·사회에 공을 세운 사람에게 그 공을 인정하여 부여하는 특수한 법적 지위

CHAPTER 2   RIGHTS AND DUTIES OF CITIZENS

Article 10
All citizens shall be assured of human dignity and worth and have the right to pursue happiness. It shall be the duty of the State to confirm and guarantee the fundamental and inviolable human rights of individuals.

Article 11
(1) All citizens shall be equal before the law, and there shall be no discrimination in political, economic, social or cultural life on account of sex, religion or social status.
(2) No privileged caste shall be recognized or ever established in any form.
(3) The awarding decorations or distinctions of honor in any form shall be effective only for recipients, and no privileges shall ensue therefrom.

제12조

(1) 모든 국민은 신체의 자유를 가진다. 누구든지 법률에 의하지 아니하고는 체포·구속·압수·수색 또는 심문을 받지 아니하며, 법률과 적법한 절차에 의하지 아니하고는 처벌·보안처분 또는 강제노역을 받지 아니한다.

(2) 모든 국민은 고문을 받지 아니하며, 형사상 자기에게 불리한 진술을 강요당하지 아니한다.

(3) 체포·구속·압수 또는 수색을 할 때에는 적법한 절차에 따라 검사의 신청에 의하여 법관이 발부한 영장을 제시하여야 한다. 다만, 현행범인인 경우와 장기 3년 이상의 형에 해당하는 죄를 범하고 도피 또는 증거인멸의 염려가 있을 때에는 사후에 영장을 청구할 수 있다.

(4) 누구든지 체포 또는 구속을 당한 때에는 즉시 변호인의 조력을 받을 권리를 가진다. 다만, 형사피고인이 스스로 변호인을 구할 수 없을 때에는 법률이 정하는 바에 의하여 국가가 변호인을 붙인다.

(5) 누구든지 체포 또는 구속의 이유와 변호인의 조력을 받을 권리가 있음을 고지받지 아니하고는 체포 또는 구속을 당하지 아니한다. 체포 또는 구속을 당한 자의 가족등 법률이 정하는 자에게는 그 이유와 일시·장소가 지체없이 통지되어야 한다.

(6) 누구든지 체포 또는 구속을 당한 때에는 적부의 심사를 법원에 청구할 권리를 가진다.

(7) 피고인의 자백이 고문·폭행·협박·구속의 부당한 장기화 또는 기망 기타의 방법에 의하여 자의로 진술된 것이 아니라고 인정될 때 또는 정식재판에 있어서 피고인의 자백이 그에게 불리한 유일한 증거일 때에는 이를 유죄의 증거로 삼거나 이를 이유로 처벌할 수 없다.

구속 이 조항의 구속은 구속과 감금을 포함하는 구금(拘禁)을 의미한다. 1948년헌법 이래 현행 헌법 이전까지는 모두 "구금"으로 되어 있었다.

보안처분 범죄 위험자 또는 범죄자에게 부과하는 범죄 예방 처분

묵비권_자기에게 불리한 내용을 말하지 않을 권리

영장 체포·구속·압수·수색과 같은 강제 수사 방법을 법원이 허가하는 문서

체포·구속적부심사 영장에 의해 체포·구속된 자의 체포·구속이 적합한지에 대한 법원의 심사. 부적법한 경우에는 석방된다.「형사소송법」에 자세한 규정이 있다.

어떤 경우에도 자백을 받아 내기 위한 강압은 허용되지 않는다.

Article 12

(1) All citizens shall enjoy personal liberty. No person shall be arrested, detained, searched, seized or interrogated except as provided by Act. No person shall be punished, placed under preventive restrictions or subject to involuntary labor except as provided by Act and through lawful procedures.

(2) No citizen shall be tortured or be compelled to testify against himself in criminal cases.

(3) Warrants issued by a judge through due procedures upon the request of a prosecutor shall be presented in case of arrest, detention, seizure or search:Provided, That in a case where a criminal suspect is an apprehended flagrante delicto, or where there is danger that a person suspected of committing a crime punishable by imprisonment of three years or more may escape or destroy evidence, investigation authorities may request an ex post facto warrant.

(4) Any person who is arrested or detained shall have the right to prompt assistance of counsel. When a criminal defendant is unable to secure counsel by his own efforts, the State shall assign counsel for the defendant as prescribed by Act.

(5) No person shall be arrested or detained without being informed of the reason therefor and of his right to assistance of counsel. The family, etc., as designated by Act, of a person arrested or detained shall be notified without delay of the reason for and the time and place of the arrest or detention.

(6) Any person who is arrested or detained shall have the right to request the court to review the legality of the arrest or detention.

(7) In a case where a confession is deemed to have been made against a defendant's will due to torture, violence, intimidation, unduly prolonged arrest, deceit, etc., or in a case where a confession is the only evidence against a defendant in a formal trial, such a confession shall not be admitted as evidence of guilt, nor shall a defendant be punished by reason of such a confession.

제13조

(1) 모든 국민은 행위시의 법률에 의하여 범죄를 구성하지 아니하는 행위로 소추되지 아니하며, 동일한 범죄에 대하여 거듭 처벌받지 아니한다.

(2) 모든 국민은 소급입법에 의하여 참정권의 제한을 받거나 재산권을 박탈당하지 아니한다.

(3) 모든 국민은 자기의 행위가 아닌 친족의 행위로 인하여 불이익한 처우를 받지 아니한다.

제14조

모든 국민은 거주·이전의 자유를 가진다.

제15조

모든 국민은 직업선택의 자유를 가진다.

Article 13

(1) No citizen shall be prosecuted for an act which does not constitute a crime under the Act in force at the time when it was committed, nor shall he/she be punished over again for the criminal act for which he/she has been once punished.

(2) No restrictions shall be imposed upon the political rights of any citizen, nor shall any person be deprived of property rights by means of retroactive legislation.

(3) No citizen shall suffer unfavorable treatment on account of an act not of his own doing but committed by a relative.

Article 14

All citizens shall enjoy freedom of residence and the right to move at will.

Article 15

All citizens shall enjoy freedom of occupation.

제16조
모든 국민은 주거의 자유를 침해받지 아니한다. 주거에 대한 압수나 수색을 할 때에는 검사의 신청에 의하여 법관이 발부한 영장을 제시하여야 한다.

제17조
모든 국민은 사생활의 비밀과 자유를 침해받지 아니한다.

제18조
모든 국민은 통신의 비밀을 침해받지 아니한다.

제19조
모든 국민은 양심의 자유를 가진다.

Article 16
All citizens shall be free from intrusion into their place of residence. In case of search or seizure in a residence, a warrant issued by a judge upon request of a prosecutor shall be presented.

Article 17
The privacy of no citizen shall be infringed.

Article 18
The privacy of correspondence of no citizen shall be infringed.

Article 19
All citizens shall enjoy freedom of conscience.

주거는 나만의 성이요 왕국이다. 16
주거_ 현재 거주 여부를 불문하고 살기 위해 점유하고 있는 일체의 건조물과 시설(예_주택, 사무실, 호텔방, 학교)

주거침입죄 형법은 주거 침입 행위를 범죄로 17
처벌한다. 나만의 세계가 부정되면 인간성은 파괴되고 만다. 정보·기술 사회는 나만의 세계를 점차 파괴해 들어온다.

「통신비밀보호법」이 있다. 18

양심 선악·시비에 대한 주관적·개인적 의식. 19
인격의 정체성과 동질성을 유지해주는 가치 판단에 대한 개인의 통일적인 의식을 말하고, 선량한(良) 마음(心)을 뜻하는 것이 아니다.

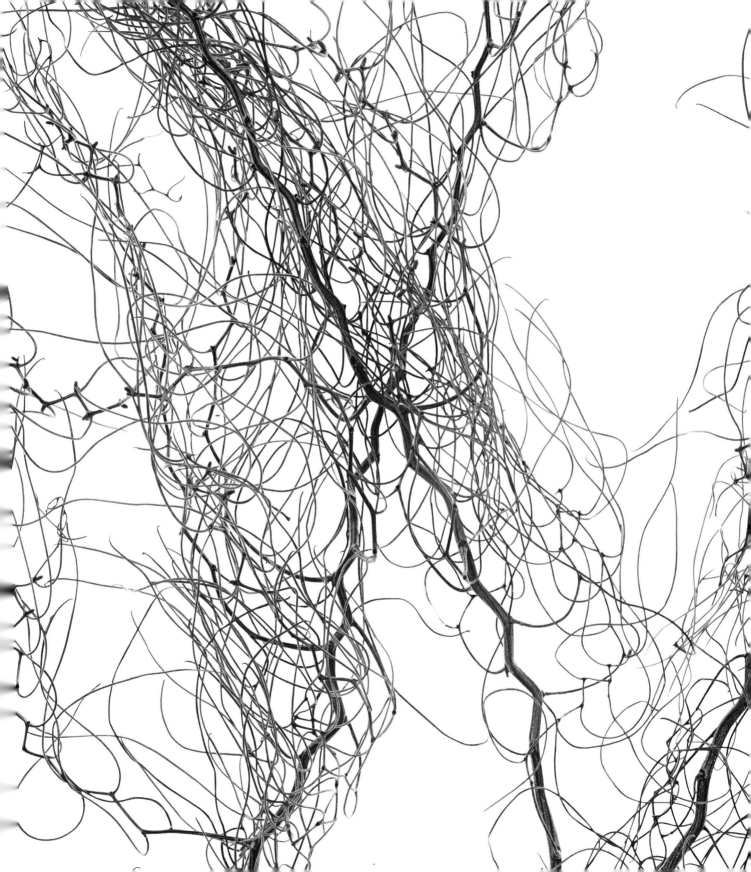

제20조

(1) 모든 국민은 종교의 자유를 가진다.

(2) 국교는 인정되지 아니하며, 종교와 정치는 분리된다.

제21조

(1) 모든 국민은 언론·출판의 자유와 집회·결사의 자유를 가진다.

(2) 언론·출판에 대한 허가나 검열과 집회·결사에 대한 허가는 인정되지 아니한다.

(3) 통신·방송의 시설기준과 신문의 기능을 보장하기 위하여 필요한 사항은 법률로 정한다.

(4) 언론·출판은 타인의 명예나 권리 또는 공중도덕이나 사회윤리를 침해하여서는 아니된다. 언론·출판이 타인의 명예나 권리를 침해한 때에는 피해자는 이에 대한 피해의 배상을 청구할 수 있다.

법은 종교에서의 정통과 이단을 구별하지 않는다. 무종교의 자유도 종교의 자유이다. 국가 행위는 종교적 중립이어야 한다. 공무원이 근무시간에 특정 종교행위를 하는 것은 허용되지 않는다. [20]

시위 움직이는 집회 [21]

명예 훼손, 모욕행위는 처벌된다. 손해 배상도 해야 한다.

Article 20

(1) All citizens shall enjoy freedom of religion.

(2) No state religion shall be recognized, and church and state shall be separated.

Article 21

(1) All citizens shall enjoy freedom of speech and the press, and freedom of assembly and association.

(2) Licensing or censorship of speech and the press, and licensing of assembly and association shall not be recognized.

(3) The Facility standards of news service and broadcast facilities and matters necessary to ensure the functions of newspapers shall be determined by Act.

(4) Neither speech nor the press shall violate the honor or rights of other persons nor undermine public morals or social ethics. Should speech or the press violate the honor or rights of other persons, claims may be made for the damage resulting therefrom.

제22조

(1) 모든 국민은 학문과 예술의 자유를 가진다.

(2) 저작자 · 발명가 · 과학기술자와 예술가의 권리는 법률로써 보호한다.

제23조

(1) 모든 국민의 재산권은 보장된다. 그 내용과 한계는 법률로 정한다.

(2) 재산권의 행사는 공공복리에 적합하도록 하여야 한다.

(3) 공공필요에 의한 재산권의 수용 · 사용 또는 제한 및 그에 대한 보상은 법률로써 하되, 정당한 보상을 지급하여야 한다.

제24조

모든 국민은 법률이 정하는 바에 의하여 선거권을 가진다.

인간을 불행하게 만드는 연구 · 실험을 금지할 수 있다. 대학의 자유 · 자치는 학문의 자유에 포함된다. 22

사유재산제도는 보장된다. 23
공용 수용 공공목적을 위하여 국가가 개인의 재산을 강제로 취득하는 것
공용 사용 공공목적을 위하여 국가가 개인의 재산을 강제로 사용하는 것
공용 제한 공공목적을 위하여 국가가 개인의 재산에 제한을 가하는 것(예 그린벨트 지정)

19세 이상 국민은 대통령 · 국회의원 선거권을 가진다. 지방선거에서는 선거구에서의 주민등록 요건이 추가된다. 「공직선거법」 24

Article 22

(1) All citizens shall enjoy freedom of learning and the arts.

(2) The rights of authors, inventors, scientists, engineers and artists shall be protected by Act.

Article 23

(1) The right of property of all citizens shall be guaranteed. The contents and limitations thereof shall be determined by Act.

(2) The exercise of property rights shall conform to the public welfare.

(3) Expropriation, use or restriction of private property for public necessity and compensation therefor shall be governed by Act: Provided, That in such a case, just compensation shall be paid.

Article 24

All citizens shall have the right to vote under the conditions as prescribed by Act.

제25조
모든 국민은 법률이 정하는 바에 의하여 공무담임권을 가진다.

제26조
(1) 모든 국민은 법률이 정하는 바에 의하여 국가기관에 문서로 청원할 권리를 가진다.
(2) 국가는 청원에 대하여 심사할 의무를 진다.

Article 25
All citizens shall have the right to hold public office under the conditions as prescribed by Act.

Article 26
(1) All citizens shall have the right to petition in writing to any governmental agency under the conditions as prescribed by Act.
(2) The State shall be obligated to examine all such petitions.

국민이면 누구에게나 공무담임의 기회가 보장되어 있다. ²⁵

청원_국민이 국가기관에 대해 의견·희망을 말하는 행위. 「청원법」이 있다. 국가는 국민의 청원을 무시할 수 없다. ²⁶

제27조

(1) 모든 국민은 헌법과 법률이 정한 법관에 의하여 법률에 의한 재판을 받을 권리를 가진다.

(2) 군인 또는 군무원이 아닌 국민은 대한민국의 영역안에서는 중대한 군사상 기밀 · 초병 · 초소 · 유독음식물공급 · 포로 · 군용물에 관한 죄중 법률이 정한 경우와 비상계엄이 선포된 경우를 제외하고는 군사법원의 재판을 받지 아니한다.

(3) 모든 국민은 신속한 재판을 받을 권리를 가진다. 형사피고인은 상당한 이유가 없는 한 지체없이 공개재판을 받을 권리를 가진다.

(4) 형사피고인은 유죄의 판결이 확정될 때까지는 무죄로 추정된다.

(5) 형사피해자는 법률이 정하는 바에 의하여 당해 사건의 재판절차에서 진술할 수 있다.

Article 27

(1) All citizens shall have the right to be tried in conformity with the Act by judges qualified under the Constitution and Act.

(2) Citizens who are not on active military service or employees of the military forces shall not be tried by a court martial within the territory of the Republic of Korea, except in case of crimes as prescribed by Act involving important classified military information, sentinels, sentry posts, the supply of harmful food and beverages, prisoners of war and military articles and facilities and in the case of the proclamation of extraordinary martial law.

(3) All citizens shall have the right to a speedy trial. The accused shall have the right to a public trial without delay in the absence of justifiable reasons to the contrary.

(4) The accused shall be presumed innocent until a judgment of guilt has been pronounced.

(5) A victim of a crime shall be entitled to make a statement during the proceedings of the trial of the case involved as under the conditions prescribed by Act.

재판은 법관만이 할 수 있다.

군사재판 군사재판에 관해서는 「군사법원법」이 정하고 있다.

늑장 재판은 국민의 권리 보호를 포기하는 것과 다름없다. 재판 공개주의이다.

재판을 하는 중에도 범죄인 취급을 하면 안된다.

판결의 확정 판결에 대해 더 이상 상소로 다툴 수 없는 상태. 판결이 확정되면 재심절차를 통해서만 다툴 수 있다.

27

제28조

형사피의자 또는 형사피고인으로서 구금되었던 자가 법률이 정하는 불기소처분을 받거나 무죄판결을 받은 때에는 법률이 정하는 바에 의하여 국가에 정당한 보상을 청구할 수 있다.

제29조

(1) 공무원의 직무상 불법행위로 손해를 받은 국민은 법률이 정하는 바에 의하여 국가 또는 공공단체에 정당한 배상을 청구할 수 있다. 이 경우 공무원 자신의 책임은 면제되지 아니한다.

(2) 군인·군무원·경찰공무원 기타 법률이 정하는 자가 전투·훈련 등 직무집행과 관련하여 받은 손해에 대하여는 법률이 정하는 보상외에 국가 또는 공공단체에 공무원의 직무상 불법행위로 인한 배상은 청구할 수 없다.

Article 28

In a case where a criminal suspect or an accused person who has been placed under detention is not indicted as provided by Act or is acquitted by a court, he shall be entitled to claim just compensation from the State under the conditions as prescribed by Act.

Article 29

(1) In case a person has sustained damages by an unlawful act committed by a public official in the course of official duties, he may claim just compensation from the State or public organization under the conditions as prescribed by Act. In this case, the public official concerned shall not be immune from liabilities.

(2) In case a person on active military service or an employee of the military forces, a police official or others as prescribed by Act sustains damages in connection with the performance of official duties such as combat action, drill and so forth, he shall not be entitled to a claim against the State or public organization on the grounds of unlawful acts committed by public officials in the course of official duties, but shall be entitled only to compensations as prescribed by Act.

형사피의자 범죄 혐의가 있으나 아직 기소되지 않고 조사 중에 있는 자 [28]
형사피고인 범죄 혐의로 검사에 의해 기소된 자
불기소처분 검사가 재판에 회부하지 않는 것 (예_기소유예, 기소중지, 무혐의 처분)
보상 국가의 적법 행위로 생긴 피해에 대한 변상. 「형사보상 및 명예회복에 관한 법률」이 있다.

배상 국가의 불법 행위로 생긴 피해에 대한 변상. 「국가배상법」이 있다. [29]

제30조
타인의 범죄행위로 인하여 생명·신체에 대한 피해를 받은 국민은 법률이 정하는 바에 의하여 국가로부터 구조를 받을 수 있다.

제31조
(1) 모든 국민은 능력에 따라 균등하게 교육을 받을 권리를 가진다.
(2) 모든 국민은 그 보호하는 자녀에게 적어도 초등교육과 법률이 정하는 교육을 받게 할 의무를 진다.
(3) 의무교육은 무상으로 한다.
(4) 교육의 자주성·전문성·정치적 중립성 및 대학의 자율성은 법률이 정하는 바에 의하여 보장된다.
(5) 국가는 평생교육을 진흥하여야 한다.
(6) 학교교육 및 평생교육을 포함한 교육제도와 그 운영, 교육재정 및 교원의 지위에 관한 기본적인 사항은 법률로 정한다.

법률 구조 법률 상담, 변호사 또는 공익법무관에 의한 소송 대리, 기타 법률 사무에 관한 지원을 뜻한다. 「법률구조법」이 있다. 30

교육평준화 위헌이라는 지적이 강하다. 31
교육은 정권의 도구가 될 수 없다. 교과서를 특정 세력의 목적 달성, 정권의 유지·선전의 수단으로 이용하는 것은 절대 금지된다. 교원노동조합은 어떤 경우에도 학생의 학습권을 침해할 수 없다. 교사는 어떤 경우에도 자신들의 이익추구를 위하여 약자의 지위에 있는 학생을 이용해서는 안 된다.

Article 30
Citizens who have suffered physical injury or death due to criminal acts of others may receive aid from the State under the conditions as prescribed by Act.

Article 31
(1) All citizens shall have an equal right to receive an education corresponding to their abilities.
(2) All citizens who have children to support shall be responsible at least for their elementary education and other education as provided by Act.
(3) Compulsory education shall be free of charge.
(4) Independence, professionalism and political impartiality of education and the autonomy of institutions of higher learning shall be guaranteed under the conditions as prescribed by Act.
(5) The State shall promote lifelong education.
(6) Fundamental matters pertaining to the educational system, including in-school and lifelong education, administration, finance, and status of teachers shall be determined by Act.

제32조

(1) 모든 국민은 근로의 권리를 가진다. 국가는 사회적·경제적 방법으로 근로자의 고용의 증진과 적정임금의 보장에 노력하여야 하며, 법률이 정하는 바에 의하여 최저임금제를 시행하여야 한다.

(2) 모든 국민은 근로의 의무를 진다. 국가는 근로의 의무의 내용과 조건을 민주주의원칙에 따라 법률로 정한다.

(3) 근로조건의 기준은 인간의 존엄성을 보장하도록 법률로 정한다.

(4) 여자의 근로는 특별한 보호를 받으며, 고용·임금 및 근로조건에 있어서 부당한 차별을 받지 아니한다.

(5) 연소자의 근로는 특별한 보호를 받는다.

(6) 국가유공자·상이군경 및 전몰군경의 유가족은 법률이 정하는 바에 의하여 우선적으로 근로의 기회를 부여받는다.

Article 32

(1) All citizens shall have the right to work. The State shall endeavor to promote employment of workers and to guarantee optimum wages through social and economic means and shall enforce a minimum wage system under the conditions as prescribed by Act.

(2) All citizens shall have the duty to work. The State shall prescribe by Act the extent and conditions of the duty to work in conformity with democratic principles.

(3) Standards of working conditions shall be determined by Act in such a way as to guarantee human dignity.

(4) Special protection shall be accorded to working women, and they shall not be subjected to unjust discrimination in terms of employment, wages and working conditions.

(5) Special protection shall be accorded to working children.

(6) The opportunity to work shall be accorded preferentially, under the conditions as prescribed by Act, to those who have given distinguished service to the State, wounded veterans and policemen, and members of the bereaved families of military servicemen and policemen killed in action.

근로는 생존의 기본적 조건이다. 누구나 일하며 먹고 살 권리를 가진다. 32

노인의 근로도 특별 보호를 받아야 한다. 연령에 의한 차별은 평등조항에 위반된다. 고령화 사회에서 노인의 취업·복지는 매우 중요하다.

「국가유공자 등 예우 및 지원에 관한 법률」이 있다.

제33조

(1) 근로자는 근로조건의 향상을 위하여 자주적인 단결권·단체교섭권 및 단체행동권을 가진다.

(2) 공무원인 근로자는 법률이 정하는 자에 한하여 단결권·단체교섭권 및 단체행동권을 가진다.

(3) 법률이 정하는 주요방위산업체에 종사하는 근로자의 단체행동권은 법률이 정하는 바에 의하여 이를 제한하거나 인정하지 아니할 수 있다.

Article 33

(1) To enhance working conditions, workers shall have the right to independent association, collective bargaining and collective action.

(2) Only those public officials who are designated by Act shall have the right to association, collective bargaining and collective action.

(3) The right to collective action of workers employed by major important defense industries may be either restricted or denied under the conditions as prescribed by Act.

「노동조합 및 노동관계조정법」이 있다. 33

단체교섭 노동조합의 대표자가 그 노동조합 또는 조합원을 위하여 사용자나 사용자단체와 교섭하고 단체협약을 체결하는 것

쟁의행위 파업·태업·직장 폐쇄 기타 노동관계 당사자가 그 주장을 관철할 목적으로 행하는 행위와 이에 대항하는 행위로 업무의 정상적인 운영을 저해하는 행위. 언제나 합법적이어야 한다.

제34조

(1) 모든 국민은 인간다운 생활을 할 권리를 가진다.

(2) 국가는 사회보장·사회복지의 증진에 노력할 의무를 진다.

(3) 국가는 여자의 복지와 권익의 향상을 위하여 노력하여야 한다.

(4) 국가는 노인과 청소년의 복지향상을 위한 정책을 실시할 의무를 진다.

(5) 신체장애자 및 질병·노령 기타의 사유로 생활능력이 없는 국민은 법률이 정하는 바에 의하여 국가의 보호를 받는다.

(6) 국가는 재해를 예방하고 그 위험으로부터 국민을 보호하기 위하여 노력하여야 한다.

인간답게 사는 데는 정신뿐 아니라 물질과 환경도 그만큼 중요하다.

신체장애자와 생활 무능력자라도 인간다운 생활을 할 권리를 가진다.

위험이 점점 높아가는 위험사회에서 이에 대처하는 국가의 역할은 점점 더 중요해지고 있다.

34

Article 34

(1) All citizens shall be entitled to a life worthy of human beings.

(2) The State shall have the duty to endeavor to promote social security and welfare.

(3) The State shall endeavor to promote welfare and rights of women.

(4) The State shall have the duty to implement policies for enhancing welfare of senior citizens and the young.

(5) Citizens who are incapable of earning a livelihood due to a physical disability, disease, old age or other reasons shall be protected by the State under the conditions as prescribed by Act.

(6) The State shall endeavor to prevent disasters and to protect citizens from harm therefrom.

제35조

(1) 모든 국민은 건강하고 쾌적한 환경에서 생활할 권리를 가지며, 국가와 국민은 환경보전을 위하여 노력하여야 한다.

(2) 환경권의 내용과 행사에 관하여는 법률로 정한다.

(3) 국가는 주택개발정책 등을 통하여 모든 국민이 쾌적한 주거생활을 할 수 있도록 노력하여야 한다.

제36조

(1) 혼인과 가족생활은 개인의 존엄과 양성의 평등을 기초로 성립되고 유지되어야 하며, 국가는 이를 보장한다.

(2) 국가는 모성의 보호를 위하여 노력하여야 한다.

(3) 모든 국민은 보건에 관하여 국가의 보호를 받는다.

우리나라는 환경권을 기본권으로 보장하는 선진적인 경우이다. 환경권을 기본권으로 보장하고 있지 않는 선진국이 실제로는 우리보다 환경 보호에 더 철저하다. 왜 그럴까? [35]

일조권(日照權)은 보호된다.

혼인과 가족생활의 자유는 기본권이다. 혼인·가족·상속에 대한 것은 「민법」에서 정하고 있다. 호주제는 위헌이다. 성(姓)의 결정에서 부성주의(父性主義)는 위헌이 아니지만 부당한 경우에까지 이를 강제하는 것은 위헌이다. [36]

「모자보건법」이 있다.

「국민건강증진법」, 「국민건강보호법」 등이 있다.

Article 35

(1) All citizens shall have the right to a healthy and agreeable environment. The State and all citizens shall endeavor to protect the environment.

(2) The substance of the environmental right shall be determined by Act.

(3) The State shall endeavor to ensure comfortable housing for all citizens through housing development policies and the like.

Article 36

(1) Marriage and family life shall be entered into and sustained on the basis of individual dignity and equality of the sexes, and the State shall do everything in its power to achieve that goal.

(2) The State shall endeavor to protect mothers.

(3) The health of all citizens shall be protected by the State.

제37조
(1) 국민의 자유와 권리는 헌법에 열거되지 아니한 이유로 경시되지 아니한다.
(2) 국민의 모든 자유와 권리는 국가안전보장·질서유지 또는 공공복리를 위하여 필요한 경우에 한하여 법률로써 제한할 수 있으며, 제한하는 경우에도 자유와 권리의 본질적인 내용을 침해할 수 없다.

제38조
모든 국민은 법률이 정하는 바에 의하여 납세의 의무를 진다.

제39조
(1) 모든 국민은 법률이 정하는 바에 의하여 국방의 의무를 진다.
(2) 누구든지 병역의무의 이행으로 인하여 불이익한 처우를 받지 아니한다.

사회의 변화에 따라 새로운 기본권이 인정될 수 있는 근거 조항이다. 37
모든 기본권은 공동체의 안전과 타인과의 공존·상생을 전제로 하여 보장된다. 공동체의 존속과 남과 더불어 사는 공생적 삶의 원리를 정한 규정이다.
기본권 제한도 과잉하거나 기본권의 본질적 내용을 침해 해서는 안 된다.

국민의 의무는 기본권을 내세워 부정할 수 없다. 38

여성도 병역 의무를 진다. 소집되지 않고 있을 뿐이다. 현역복무를 지원할 수 있다. 39
병역 면제의 확대는 중대한 차별 대우이다. 군 복무로 인한 불이익은 완전하게 보상되어야 한다.

Article 37
(1) The freedoms and rights of citizens shall not be neglected on the grounds that they are not enumerated in the Constitution.
(2) The freedoms and rights of citizens may be restricted by Act only when necessary for national security, the maintenance of law and order or for public welfare. Even when such restriction is imposed, essential aspects of the freedom or right shall not be violated.

Article 38
All citizens shall have the duty to pay taxes under the conditions as prescribed by Act.

Article 39
(1) All citizens shall have the duty of national defense under the conditions as prescribed by Act.
(2) No citizen shall be treated unfavorably on account of the fulfillment of his obligation of military service.

제3장 국회

제40조
입법권은 국회에 속한다.

제41조
(1) 국회는 국민의 보통·평등·직접·비밀선거에 의하여 선출된 국회의원으로 구성한다.
(2) 국회의원의 수는 법률로 정하되, 200인 이상으로 한다.
(3) 국회의원의 선거구와 비례대표제 기타 선거에 관한 사항은 법률로 정한다.

제42조
국회의원의 임기는 4년으로 한다.

국회는 강력한 민주주의적 정당성에 기반을 둔 국민대표기관이다. **40**

국회의원은 소속 정당이나 자기 선거구민의 대표가 아니라 전체 국민의 대표이다. **41**

법률 국회가 제정·개정하는 법 규범. 다른 기관은 법률을 입법할 수 없다.

지역구국회의원과 비례대표국회의원이 있다. 의원정수는 둘을 합쳐 299인이다.

국정의 신진대사를 원활히 하는 데 있어 다선 의원이 좋은 것은 아니다. 헌법 개정으로 횟수를 제한할 수 있다. **42**

CHAPTER 3   THE NATIONAL ASSEMBLY

Article 40
The legislative power shall be vested in the National Assembly.

Article 41
(1) The National Assembly shall be composed of members elected by universal, equal, direct and secret ballot by the citizens.
(2) Number of members of the National Assembly shall be determined by Act, but the number shall not be less than 200.
(3) The constituencies of members of the National Assembly, proportional representation and other matters pertaining to National Assembly elections shall be determined by Act.

Article 42
The term of office of members of the National Assembly shall be four years.

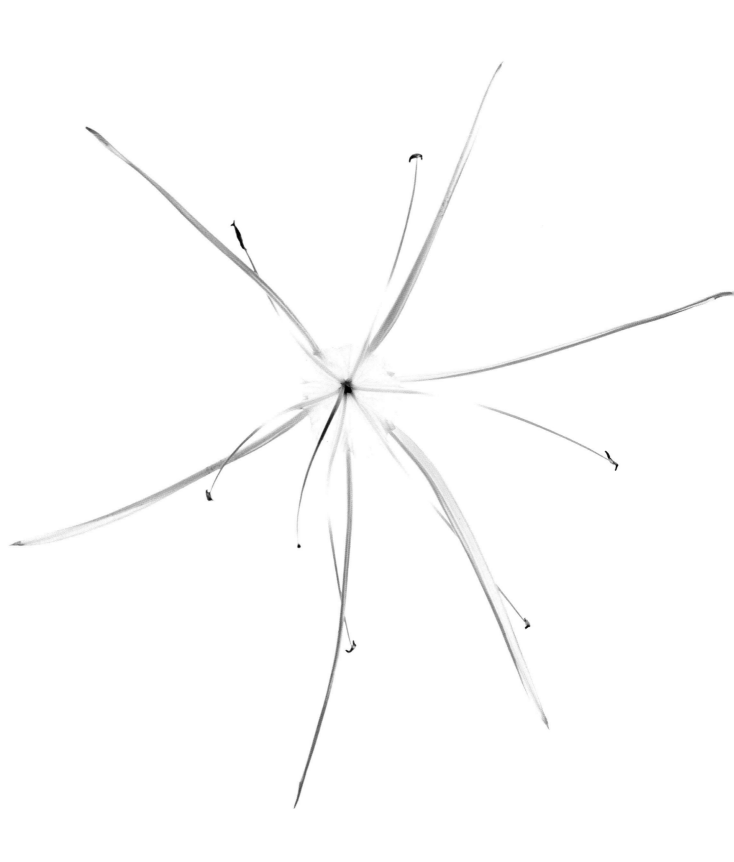

제43조
국회의원은 법률이 정하는 직을 겸할 수 없다.

제44조
(1) 국회의원은 현행범인인 경우를 제외하고는 회기중 국회의 동의없이 체포 또는 구금되지 아니한다.
(2) 국회의원이 회기전에 체포 또는 구금된 때에는 현행범인이 아닌 한 국회의 요구가 있으면 회기중 석방된다.

제45조
국회의원은 국회에서 직무상 행한 발언과 표결에 관하여 국회외에서 책임을 지지 아니한다.

국회의원은 전체 국민의 대표자이므로 특수이익을 추구하면 안 된다. 43

회기 정기회나 임시회와 같이 국회가 활동하는 기간 44
연중국회 회기를 두지 않고 연중 내내 국회의원이 활동하게 하는 것. 일하는 국회를 만들기 위해 국회 개혁 방안으로 제안되고 있다.
불체포특권 행정부에 의한 국회 탄압을 방지하기 위한 것이다.
면책특권 국민대표자로 활동할 수 있도록 국회의원에게만 보장된다.

직무상 발언 타인에 대한 명예 훼손, 모욕, 사생활 침해의 발언은 허용되지 않는다. 45

Article 43
Members of the National Assembly shall not concurrently hold any other office prescribed by Act.

Article 44
(1) During the session of the National Assembly, no member of the National Assembly shall be arrested or detained without the consent of the National Assembly except in case of flagrante delicto.
(2) In case of apprehension or detention of a member of the National Assembly prior to the opening of a session, such member shall be released during the session upon the request of the National Assembly, except in case of flagrante delicto.

Article 45
No member of the National Assembly shall be held responsible outside the National Assembly for opinions officially expressed or votes cast in the Assembly.

제46조

(1) 국회의원은 청렴의 의무가 있다.

(2) 국회의원은 국가이익을 우선하여 양심에 따라 직무를 행한다.

(3) 국회의원은 그 지위를 남용하여 국가·공공단체 또는 기업체와의 계약이나 그 처분에 의하여 재산상의 권리·이익 또는 직위를 취득하거나 타인을 위하여 그 취득을 알선할 수 없다.

제47조

(1) 국회의 정기회는 법률이 정하는 바에 의하여 매년 1회 집회되며, 국회의 임시회는 대통령 또는 국회재적의원 4분의 1 이상의 요구에 의하여 집회된다.

(2) 정기회의 회기는 100일을, 임시회의 회기는 30일을 초과할 수 없다.

(3) 대통령이 임시회의 집회를 요구할 때에는 기간과 집회요구의 이유를 명시하여야 한다.

국민대표성_ 국회의원은 전체 국민의 대표자이지 자기 선거구의 주민, 특권 계층, 이익단체 등의 대표자가 아니다. 따라서 국회의원은 자기 선거구의 주민의 지시나 명령을 받지 않으며, 선거 공약에도 법적인 구속을 받지 않는다. 국회의원은 오로지 전 국민의 이익을 위해서만 권한을 행사해야 한다.
제46조 2항의 '양심'은 국민 대표로서의 직무상의 양심이므로 제19조의 '양심'과 다르다. [46]

임시회 국회의 상시운영제도에 따라 임시회는 매 짝수의 달(8·10·12월 제외) 1일에 집회한다. 「국회법」
일하는 국회를 실현하기 위해서는 정기회와 임시회를 폐지하는 것이 바람직하다. [47]

Article 46

(1) Members of the National Assembly shall have the duty to maintain high standards of integrity.

(2) Members of the National Assembly shall give preference to national interests and shall perform their duties according to the dictates of their conscience.

(3) Members of the National Assembly shall not acquire, through abuse of their position, rights and interests in property or positions, or assist other persons to acquire the same, by means of contracts with or dispositions by the State, public organizations or industries.

Article 47

(1) A regular session of the National Assembly shall be convened once every year under the conditions as prescribed by Act, and extraordinary sessions of the National Assembly shall be convened upon the request of the President or one fourth or more of the total members.

(2) The period of regular session shall not exceed a hundred days, and that of extraordinary session, thirty days.

(3) If the President requests the convening of an extraordinary session, the period of the session and the reasons for the request shall be clearly specified.

제48조

국회는 의장 1인과 부의장 2인을 선출한다.

제49조

국회는 헌법 또는 법률에 특별한 규정이 없는 한 재적의원 과반수의 출석과 출석의원 과반수의 찬성으로 의결한다. 가부동수인 때에는 부결된 것으로 본다.

제50조

(1) 국회의 회의는 공개한다. 다만, 출석의원 과반수의 찬성이 있거나 의장이 국가의 안전보장을 위하여 필요하다고 인정할 때에는 공개하지 아니할 수 있다.
(2) 공개하지 아니한 회의내용의 공표에 관하여는 법률이 정하는 바에 의한다.

다수결 원리이다. 민주주의는 합의를 이루어내 49
는 것이므로 다수결이 곧 민주주의는 아니다.
다수결은 끝까지 의견이 대립하는 경우에 하
나의 결론을 내리기 위한 기술에 불과하다.

국민대표기관의 행위와 활동은 국민이 훤히 50
알 수 있어야 한다. 국민이 나라의 주인이기
때문이다.

Article 48

The National Assembly shall elect one Speaker and two Vice-Speakers.

Article 49

Except as otherwise provided for in the Constitution or in Act, the attendance of a majority of the total members, and the concurrent vote of a majority of the members present, shall be necessary for decisions of the National Assembly. In case of a tie vote, the matter shall be regarded as rejected.

Article 50

(1) Sessions of the National Assembly shall be open to the public: Provided, That when it is decided so by a majority of the members present, or when the Speaker deems it necessary to do so for the sake of national security, they may be closed to the public.
(2) The public disclosure of the proceedings of sessions which were not open to the public shall be determined by Act.

제51조

국회에 제출된 법률안 기타의 의안은 회기중에 의결되지 못한 이유로 폐기되지 아니한다. 다만, 국회의원의 임기가 만료된 때에는 그러하지 아니하다.

제52조

국회의원과 정부는 법률안을 제출할 수 있다.

제53조

(1) 국회에서 의결된 법률안은 정부에 이송되어 15일 이내에 대통령이 공포한다.

(2) 법률안에 이의가 있을 때에는 대통령은 제1항의 기간내에 이의서를 붙여 국회로 환부하고, 그 재의를 요구할 수 있다. 국회의 폐회중에도 또한 같다.

(3) 대통령은 법률안의 일부에 대하여 또는 법률안을 수정하여 재의를 요구할 수 없다.

(4) 재의의 요구가 있을 때에는 국회는 재의에 붙이고, 재적의원과반수의 출석과 출석의원 3분의 2 이상의 찬성으로 전과 같은 의결을 하면 그 법률안은 법률로서 확정된다.

(5) 대통령이 제1항의 기간내에 공포나 재의의 요구를 하지 아니한 때에도 그 법률안은 법률로서 확정된다.

(6) 대통령은 제4항과 제5항의 규정에 의하여 확정된 법률을 지체없이 공포하여야 한다. 제5항에 의하여 법률이 확정된 후 또는 제4항에 의한 확정법률이 정부에 이송된 후 5일 이내에 대통령이 공포하지 아니할 때에는 국회의장이 이를 공포한다.

(7) 법률은 특별한 규정이 없는 한 공포한 날로부터 20일을 경과함으로써 효력을 발생한다.

Article 51

Bills and other matters submitted to the National Assembly for deliberation shall not be abandoned on the ground that they were not acted upon during the session in which they were introduced, except in a case where the term of the members of the National Assembly has expired.

Article 52

Bills may be introduced by members of the National Assembly or by the Executive.

Article 53

(1) Each bill passed by the National Assembly shall be sent to the Executive, and the President shall promulgate it within fifteen days.

(2) In case of objection to the bill, the President may, within the period referred to in paragraph (1), return it to the National Assembly with written explanation of his objection, and request it be reconsidered. The President may do the same during adjournment of the National Assembly.

(3) The President shall not request the National Assembly to reconsider the bill in part, or with proposed amendments.

(4) In case there is a request for reconsideration of a bill, the National Assembly shall reconsider it, and if the National Assembly repasses the bill in the original form with the attendance of more than one half of the total members, and with a concurrent vote of two thirds or more of the members present, it shall become Act.

(5) If the President does not promulgates the bill, or does not request the National Assembly to reconsider it within the period referred to in paragraph (1), it shall become Act.

(6) The President shall promulgate without delay the Act as finalized under paragraphs (4) and (5). If the President does not promulgate an Act within five days after it has become Act under paragraph (5), or after it has been returned to the Executive under paragraph (4), the Speaker shall promulgate it.

(7) Except as provided otherwise, an Act shall take effect twenty days after the date of promulgation.

제54조

(1) 국회는 국가의 예산안을 심의·확정한다.

(2) 정부는 회계연도마다 예산안을 편성하여 회계연도 개시 90일전까지 국회에 제출하고, 국회는 회계연도 개시 30일전까지 이를 의결하여야 한다.

(3) 새로운 회계연도가 개시될 때까지 예산안이 의결되지 못한 때에는 정부는 국회에서 예산안이 의결될 때까지 다음의 목적을 위한 경비는 전년도 예산에 준하여 집행할 수 있다.

> 1. 헌법이나 법률에 의하여 설치된 기관 또는 시설의 유지·운영
> 2. 법률상 지출의무의 이행
> 3. 이미 예산으로 승인된 사업의 계속

예산 한 회계연도에 있어 국가의 세입·세출 54
을 정한 내용을 국회의 의결로 확정한 것
우리나라는 예산을 법률과 다르게 처리한다
(예산비법률주의).
예산을 법률과 동일하게 처리하는 나라도 있
다(예. 영국, 미합중국, 프랑스, 독일).

국회의 예산결산위원회 강화 나라 살림의 규
모를 정하고 점검하는 것은 국회의 핵심적 일
이다. 업무의 완벽성, 수월성, 전문성을 확보하
기 위해 전문가들로 구성된 지원·보조기구의
확충이 필요하다(예. 국회예산정책처, 국회입
법조사처).

Article 54

(1) The National Assembly shall deliberate and decide upon the national budget bill.

(2) The Executive shall formulate the budget bill for each fiscal year and submit it to the National Assembly within ninety days before the beginning of a fiscal year. The National Assembly shall decide upon it within thirty days before the beginning of the fiscal year.

(3) If the budget bill is not passed by the beginning of the fiscal year, the Executive may, in conformity with the budget of the previous fiscal year, disburse funds for the following purposes until the budget bill is passed by the National Assembly:

> *1. The maintenance and operation of agencies and facilities established by the Constitution or Act;*
> *2. Execution of the obligatory expenditures as prescribed by Act; and*
> *3. Continuation of projects previously approved in the budget.*

제55조

(1) 한 회계연도를 넘어 계속하여 지출할 필요가 있을 때에는 정부는 연한을 정하여 계속비로서 국회의 의결을 얻어야 한다.

(2) 예비비는 총액으로 국회의 의결을 얻어야 한다. 예비비의 지출은 차기국회의 승인을 얻어야 한다.

제56조

정부는 예산에 변경을 가할 필요가 있을 때에는 추가경정예산안을 편성하여 국회에 제출할 수 있다.

제57조

국회는 정부의 동의없이 정부가 제출한 지출예산 각항의 금액을 증가하거나 새 비목을 설치할 수 없다.

계속비 여러 해에 걸친 사업을 위한 경비 · 55

예비비 예측하기 어려운 예산 외 지출을 충당하기 위한 경비 · 56

예산은 국민의 부담이므로 그 처리에서 국회나 행정부의 독주를 막아야 한다. 법률을 만들고 나라 살림살이의 규모를 정하고 감독하는 일은 국민대표기관인 국회의 본업이다.

재정민주주의 예산을 국회나 행정부가 함부로 쓸 수 없게 국민에 의한 통제가 필요하다. 특히 행정부의 재정운영에 대해서는 국회의 효율적인 통제가 필요하다. · 57

Article 55

(1) In a case where it is necessary to make continuing disbursements for a period longer than one fiscal year, the Executive shall obtain the approval of the National Assembly for a specified period of time.

(2) A reserve fund shall be approved by the National Assembly in total. The disbursement of the reserve fund shall be approved during the next session of the National Assembly.

Article 56

When it is necessary to amend the budget, the Executive may formulate a supplementary revised budget bill and submit it to the National Assembly.

Article 57

The National Assembly shall, without the consent of the Executive, neither increase the sum of any item of expenditure nor create any new items of expenditure in the budget submitted by the Executive.

제58조
국채를 모집하거나 예산외에 국가의 부담이 될 계약을 체결하려 할 때에는 정부
는 미리 국회의 의결을 얻어야 한다.

제59조
조세의 종목과 세율은 법률로 정한다.

제60조
(1) 국회는 상호원조 또는 안전보장에 관한 조약, 중요한 국제조직에 관한 조약,
우호통상항해조약, 주권의 제약에 관한 조약, 강화조약, 국가나 국민에게 중대
한 재정적 부담을 지우는 조약 또는 입법사항에 관한 조약의 체결·비준에 대한
동의권을 가진다.
(2) 국회는 선전포고, 국군의 외국에의 파견 또는 외국군대의 대한민국 영역안
에서의 주류에 대한 동의권을 가진다.

국채_국가가 부담하는 빚. 결국 국민 모두가   58
부담해야 할 빚이다.

국민에게서 돈을 거두어가는 사항은 국민대표   59
기관인 국회만이 정한다. 국세청은 집행기관일
뿐이다.

강화_전쟁 당사국간에 싸움을 그만 두는 것   60
비준_조약의 체결에 대한 당사국의 최종적인
확인 행위

Article 58

When the Executive plans to issue national bonds or to conclude contracts which may incur financial burden on the State outside the budget, it shall have the prior concurrence of the National Assembly.

Article 59

Types and rates of taxes shall be determined by Act.

Article 60

(1) The National Assembly shall have the right to consent to conclusion and ratification of treaties pertaining to mutual assistance or mutual security; treaties concerning important international organizations; treaties of friendship, trade and navigation; treaties pertaining to any restriction in sovereignty; peace treaties; treaties which will burden the State or people with an important financial obligation; or treaties related to legislative matters.
(2) The National Assembly shall also have the right to consent to declaration of war, the dispatch of armed forces to foreign states, or the stationing of alien forces in the territory of the Republic of Korea.

제61조

(1) 국회는 국정을 감사하거나 특정한 국정사안에 대하여 조사할 수 있으며, 이에 필요한 서류의 제출 또는 증인의 출석과 증언이나 의견의 진술을 요구할 수 있다.

(2) 국정감사 및 조사에 관한 절차 기타 필요한 사항은 법률로 정한다.

제62조

(1) 국무총리 · 국무위원 또는 정부위원은 국회나 그 위원회에 출석하여 국정처리상황을 보고하거나 의견을 진술하고 질문에 응답할 수 있다.

(2) 국회나 그 위원회의 요구가 있을 때에는 국무총리 · 국무위원 또는 정부위원은 출석 · 답변하여야 하며, 국무총리 또는 국무위원이 출석요구를 받은 때에는 국무위원 또는 정부위원으로 하여금 출석 · 답변하게 할 수 있다.

국정감사 국정 전반에 대한 조사 61
국정조사 특정 사안에 대한 조사
「국회에서의 증언 · 감정 등에 관한 법률」이 있다.
「국정감사 및 조사에 관한 법률」이 있다.

국무위원 대통령 · 국무총리가 아닌 국무회의의 구성원(대표적인 예_행정각부의 장관) 62
정부위원 국무조정실장 및 차장. 부 · 처 · 청의 처장 · 차관 · 청장 · 차장 · 실장 · 국장 · 차관보 · 외교부 · 행정자치부의 본부장

Article 61

(1) The National Assembly may inspect affairs of state or investigate specific matters of state affairs, and may demand production of documents directly related thereto, the appearance of a witness in person and furnishing of testimony or statements of opinion.

(2) The procedures and other necessary matters concerning the inspection and investigation of state administration shall be determined by Act.

Article 62

(1) The Prime Minister, members of the State Council or government delegates may attend meetings of the National Assembly or its committees and report on the state administration or deliver opinions and answer questions.

(2) When requested by the National Assembly or its committees, the Prime Minister, members of the State Council or government delegates shall attend any meeting of the National Assembly and answer questions. If the Prime Minister or State Council members are requested to attend, the Prime Minister or State Council members may have State Council members or government delegates attend any meeting of the National Assembly and answer questions.

제63조

(1) 국회는 국무총리 또는 국무위원의 해임을 대통령에게 건의할 수 있다.

(2) 제1항의 해임건의는 국회재적의원 3분의 1 이상의 발의에 의하여 국회재적의원 과반수의 찬성이 있어야 한다.

대통령의 각료 인사권에 대한 통제 방법이다.　63

제64조

(1) 국회는 법률에 저촉되지 아니하는 범위 안에서 의사와 내부규율에 관한 규칙을 제정할 수 있다.

(2) 국회는 의원의 자격을 심사하며, 의원을 징계할 수 있다.

(3) 의원을 제명하려면 국회재적의원 3분의 2 이상의 찬성이 있어야 한다.

(4) 제2항과 제3항의 처분에 대하여는 법원에 제소할 수 없다.

Article 63

(1) The National Assembly may pass a recommendation for the removal of the Prime Minister or a State Council member from office.

(2) A recommendation for removal as referred to in paragraph (1) may be introduced by one third or more of the total members of the National Assembly and shall be passed with the concurrent vote of a majority of the total members of the National Assembly.

Article 64

(1) The National Assembly may establish the rules of its proceedings and internal regulations: Provided, That they are not in conflict with Act.

(2) The National Assembly may review the qualifications of its members and may take disciplinary actions against its members.

(3) The concurrent vote of two thirds or more of the total members of the National Assembly shall be required for expulsion of any member.

(4) No action shall be brought to court with regard to decisions taken under paragraphs (2) and (3).

제65조

(1) 대통령·국무총리·국무위원·행정각부의 장·헌법재판소 재판관·법관·중앙선거관리위원회 위원·감사원장·감사위원 기타 법률이 정한 공무원이 그 직무집행에 있어서 헌법이나 법률을 위배한 때에는 국회는 탄핵의 소추를 의결할 수 있다.

(2) 제1항의 탄핵소추는 국회재적의원 3분의 1 이상의 발의가 있어야 하며, 그 의결은 국회재적의원 과반수의 찬성이 있어야 한다. 다만, 대통령에 대한 탄핵소추는 국회재적의원 과반수의 발의와 국회재적의원 3분의 2 이상의 찬성이 있어야 한다.

(3) 탄핵소추의 의결을 받은 자는 탄핵심판이 있을 때까지 그 권한행사가 정지된다.

(4) 탄핵결정은 공직으로부터 파면함에 그친다. 그러나, 이에 의하여 민사상이나 형사상의 책임이 면제되지는 아니한다.

Article 65

(1) In case the President, the Prime Minister, members of the State Council, heads of Executive Ministries, Justices of the Constitutional Court, judges, members of the National Election Commission, the Chairman and members of the Board of Audit and Inspection, and other public officials designated by Act have violated the Constitution or other Acts in the performance of the official duties, the National Assembly may pass motions for their impeachment.

(2) A motion for impeachment prescribed in paragraph (1) may be proposed by one third or more of the total members of the National Assembly, and shall require a concurrent vote of a majority of the total members of the National Assembly for passage: Provided, That a motion for the impeachment of the President shall be proposed by a majority of the total members of the National Assembly and approved by two thirds or more of the total members of the National Assembly.

(3) Any person against whom a motion for impeachment has been passed shall be suspended from exercising his power until the impeachment has been adjudicated.

(4) A decision on impeachment shall not extend further than removal from public office: Provided, That it shall not exempt the person impeached from civil or criminal liability.

탄핵소추의 대상자는 법률로써 더 확대할 수 있다. 검사, 경찰청장은 탄핵소추의 대상이 된다. 국가정보원장, 각 군 참모총장, 국세청장, 공정거래위원장 등을 포함시켜야 한다는 안이 있다.

헌법이나 법률 위배 탄핵은 위법행위에 국한된다. 정치적 책임을 물어 탄핵할 수는 없다. 국정운영과 정책실패의 책임을 물어 탄핵하는 나라도 있다.

대통령제에서 대통령의 독주를 막는 강력한 수단이 탄핵이다. 내각책임제에서는 행정부의 독주를 견제하는 것이 내각불신임이지만, 대통령제에서는 인정되지 않는다. 국정운영의 실패가 계속되어도 국민은 차기 대통령선거까지 기다려야 하는 것이 대통령제의 약점이다.

중차대한 나라의 일을 해야 할 국회의원이 출세욕을 채우는 자리가 되면 국민과 나라는 어떻게 될까? 국회의원은 아무나 해도 되는 자리일까? 우리는 국회의원을 어떤 기준에서 뽑고 있는가? 잘못 뽑아 놓고 비난하거나 후회하는 것보다 처음부터 적합한 사람을 잘 고르는 것이 중요하다.

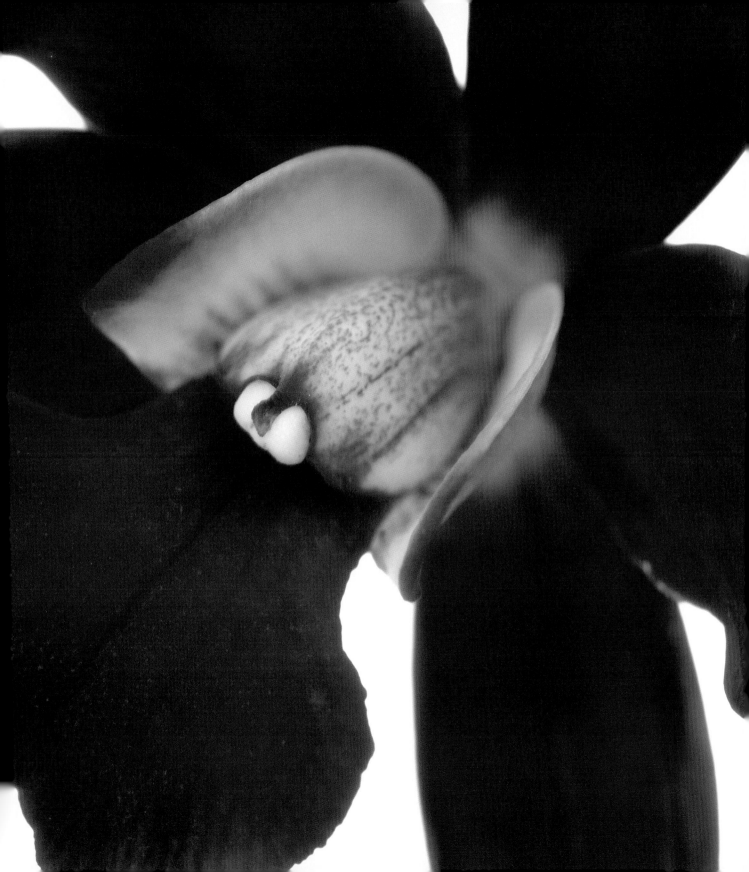

제4장 정부

제1절 대통령

제66조
(1) 대통령은 국가의 원수이며, 외국에 대하여 국가를 대표한다.
(2) 대통령은 국가의 독립·영토의 보전·국가의 계속성과 헌법을 수호할 책무를 진다.
(3) 대통령은 조국의 평화적 통일을 위한 성실한 의무를 진다.
(4) 행정권은 대통령을 수반으로 하는 정부에 속한다.

CHAPTER 4   THE EXECUTIVE

SECTION 1 The President

Article 66
(1) The President shall be the Head of State and represent the State vis-a-vis foreign states.
(2) The President shall have the responsibility and duty to safeguard the independence, territorial integrity and continuity of the State and the Constitution.
(3) The President shall have the duty to pursue sincerely the peaceful unification of the homeland.
(4) Executive power shall be vested in the Executive Branch headed by the President.

'大'+'統'+'領' 국민을 왜소하게 만드는 너무 위압적인 용어가 아닐까? 1870년대 일본인이 president의 번역어로 만든 말이다. 중국과 타이완에서는 총통(總統)이라는 말로 번역했다. 어느 것이나 군주의 냄새가 나는 용어이다.

대통령은 외국에 대해서만 국가원수일 뿐 국민에 대해서는 공무원으로서 종복(從僕)이요 봉사자이다.

헌법을 무시하는 대통령의 행위는 위헌이요, 탄핵 사유가 된다.

제67조

(1) 대통령은 국민의 보통·평등·직접·비밀선거에 의하여 선출한다.

(2) 제1항의 선거에 있어서 최고득표자가 2인 이상인 때에는 국회의 재적의원 과반수가 출석한 공개회의에서 다수표를 얻은 자를 당선자로 한다.

(3) 대통령후보자가 1인일 때에는 그 득표수가 선거권자 총수의 3분의 1 이상이 아니면 대통령으로 당선될 수 없다.

(4) 대통령으로 선거될 수 있는 자는 국회의원의 피선거권이 있고 선거일 현재 40세에 달하여야 한다.

(5) 대통령의 선거에 관한 사항은 법률로 정한다.

Article 67

(1) The President shall be elected by universal, equal, direct and secret ballot by the people.

(2) In case two or more persons receive the same largest number of votes in the election as referred to in paragraph (1), the person who receives the largest number of votes in an open session of the National Assembly attended by a majority of the total members of the National Assembly shall be elected.

(3) If and when there is only one presidential candidate, he shall not be elected President unless he receives at least one third votes of the total eligible votes.

(4) Citizens who are eligible for election to the National Assembly, and who have reached the age of forty years or more on the date of the presidential election, shall be eligible to be elected to the presidency.

(5) Matters pertaining to presidential elections shall be determined by Act.

선거원칙에는 이에 더하여 자유선거도 포함된다.

투표자의 과반수의 지지를 얻지 못해도 득표에서 1등만 하면 당선될 수 있는 방식이므로 이는 민주주의원리와 배치된다.

국민의 과반수의 지지도 얻지 못했으면서 승자라는 이유만으로 정치적 이익을 독식하고 있는 것이 현행 대통령제의 약점이다. 이에 의해 우리 사회의 갈등은 더욱 증폭되고 있다. 그래서 대통령선거는 훌륭한 인물을 뽑는 것이 아니라 권력 투쟁으로 변질되어 왔다. 지역주의는 대통령제를 더욱 왜곡시켜 왔다.

제68조

(1) 대통령의 임기가 만료되는 때에는 임기만료 70일 내지 40일전에 후임자를 선거한다.

(2) 대통령이 궐위된 때 또는 대통령 당선자가 사망하거나 판결 기타의 사유로 그 자격을 상실한 때에는 60일 이내에 후임자를 선거한다.

제69조

대통령은 취임에 즈음하여 다음의 선서를 한다.

"나는 헌법을 준수하고 국가를 보위하며 조국의 평화적 통일과 국민의 자유와 복리의 증진 및 민족문화의 창달에 노력하여 대통령으로서의 직책을 성실히 수행할 것을 국민 앞에 엄숙히 선서합니다."

제70조

대통령의 임기는 5년으로 하며, 중임할 수 없다.

궐위 사망, 사임, 파면 등으로 현실적으로 대 **68**
통령직에 대통령이 존재하지 않는 경우
사고 대통령이 재임하고 있으나, 입원 · 해외
여행 등으로 직무를 수행할 수 없는 경우
궐위든 사고든 권한 대행 체제가 발동하지만,
후임자 선거는 궐위에 한정된다. 궐위와 사고
의 구별 이유이다.

단임제 대의제의 원리와는 조화되기 어려우 **70**
나, 장기 독재를 겪은 우리 국민의 실존적 결
단이다.

Article 68

(1) The successor to the incumbent President shall be elected seventy to forty days before his term expires.

(2) In case a vacancy occurs in the office of the President or the President-elect dies, or is disqualified by a court ruling or for any other reason, a successor shall be elected within sixty days.

Article 69

The President, at the time of his inauguration, shall take the following oath: "I do solemnly swear before the people that I will faithfully execute the duties of the President by observing the Constitution, defending the State, pursuing the peaceful unification of the homeland, promoting the freedom and welfare of the people and endeavoring to develop national culture."

Article 70

The term of office of President shall be five years, and the President shall not be reelected.

제71조

대통령이 궐위되거나 사고로 인하여 직무를 수행할 수 없을 때에는 국무총리, 법률이 정한 국무위원의 순서로 그 권한을 대행한다.

제72조

대통령은 필요하다고 인정할 때에는 외교·국방·통일 기타 국가안위에 관한 중요정책을 국민투표에 붙일 수 있다.

제73조

대통령은 조약을 체결·비준하고, 외교사절을 신임·접수 또는 파견하며, 선전포고와 강화를 한다.

어떤 경우에도 국정 공백이 있어서는 안 된다. 권한 대행 사유가 발생하면 자동으로 권한 대행이 시작된다. [71]

「국민투표법」이 있다. 국민투표는 신임투표로 변질되어 독재를 정당화하는 수단으로 악용되기도 한다. [72]

국가 원수로서 행하는 직무이다. [73]

Article 71

If the office of the presidency is vacant or the President is unable to perform his duties for any reason, the Prime Minister or the members of the State Council in the order of priority as determined by Act shall act for him.

Article 72

The President may submit important policies relating to diplomacy, national defense, unification and other matters relating to the national destiny to a national referendum if he deems it necessary.

Article 73

The President shall conclude and ratify treaties; accredit, receive or dispatch diplomatic envoys; and declare war and conclude peace.

제74조
(1) 대통령은 헌법과 법률이 정하는 바에 의하여 국군을 통수한다.
(2) 국군의 조직과 편성은 법률로 정한다.

제75조
대통령은 법률에서 구체적으로 범위를 정하여 위임받은 사항과 법률을 집행하기 위하여 필요한 사항에 관하여 대통령령을 발할 수 있다.

대통령이 국군통수권자라고 해도 군을 정치적으로 이용하면 헌법 제5조 2항 위반이다. 「국군조직법」이 있다. 74

법률에 위반되는 대통령령은 무효이다. '백지위임'은 위헌이다. 75

Article 74
(1) The President shall be Commander-in-Chief of the Armed Forces under the conditions as prescribed by the Constitution and Act.
(2) The organization and formation of the Armed Forces shall be determined by Act.

Article 75
The President may issue presidential decrees concerning matters delegated to him by Act with the scope specifically defined and also matters necessary to enforce Acts.

제76조

(1) 대통령은 내우·외환·천재·지변 또는 중대한 재정·경제상의 위기에 있어서 국가의 안전보장 또는 공공의 안녕질서를 유지하기 위하여 긴급한 조치가 필요하고 국회의 집회를 기다릴 여유가 없을 때에 한하여 최소한으로 필요한 재정·경제상의 처분을 하거나 이에 관하여 법률의 효력을 가지는 명령을 발할 수 있다.

(2) 대통령은 국가의 안위에 관계되는 중대한 교전상태에 있어서 국가를 보위하기 위하여 긴급한 조치가 필요하고 국회의 집회가 불가능한 때에 한하여 법률의 효력을 가지는 명령을 발할 수 있다.

(3) 대통령은 제1항과 제2항의 처분 또는 명령을 한 때에는 지체없이 국회에 보고하여 그 승인을 얻어야 한다.

(4) 제3항의 승인을 얻지 못한 때에는 그 처분 또는 명령은 그때부터 효력을 상실한다. 이 경우 그 명령에 의하여 개정 또는 폐지되었던 법률은 그 명령이 승인을 얻지 못한 때부터 당연히 효력을 회복한다.

(5) 대통령은 제3항과 제4항의 사유를 지체없이 공포하여야 한다.

국가긴급권이다. 국가긴급사태에서도 헌법상의 조치를 하게 하여 이로 인한 헌법의 중단을 방지하기 위한 것이다.

긴급재정·경제명령이다.

긴급명령이다.

국가긴급권도 엄격하게 통제된다. 기본권 침해의 위험이 크기 때문이다.

Article 76

(1) In case of internal turmoil, external menace, natural calamity or a grave financial or economic crisis, the President may take in respect to them the minimum necessary financial and economic actions or issue, orders having the effect of Act, only when it is required to take urgent measures for maintenance of national security or public peace and order, and there is no time to await the convocation of the National Assembly.

(2) In case of major hostilities affecting national security, the President may issue orders having the effect of Act, only when it is required to preserve the integrity of the nation, and it is impossible to convene the National Assembly.

(3) In case actions are taken or orders are issued under paragraphs (1) and (2), the President shall promptly notify it to the National Assembly and obtain its approval.

(4) In case no approval is obtained, the actions or orders shall lose effect forthwith. In such case, the Acts which were amended or abolished by the order in question shall automatically regain their original effect at the moment the order fail to obtain approval.

(5) The President shall, without delay, put on public notice developments under paragraphs (3) and (4).

제77조

(1) 대통령은 전시·사변 또는 이에 준하는 국가비상사태에 있어서 병력으로써 군사상의 필요에 응하거나 공공의 안녕질서를 유지할 필요가 있을 때에는 법률이 정하는 바에 의하여 계엄을 선포할 수 있다.

(2) 계엄은 비상계엄과 경비계엄으로 한다.

(3) 비상계엄이 선포된 때에는 법률이 정하는 바에 의하여 영장제도, 언론·출판·집회·결사의 자유, 정부나 법원의 권한에 관하여 특별한 조치를 할 수 있다.

(4) 계엄을 선포한 때에는 대통령은 지체없이 국회에 통고하여야 한다.

(5) 국회가 재적의원 과반수의 찬성으로 계엄의 해제를 요구한 때에는 대통령은 이를 해제하여야 한다.

Article 77

(1) When it is required to cope with a military necessity or to maintain the public safety and order by mobilization of the military forces in time of war, armed conflict or similar national emergency, the President may proclaim martial law under the conditions as prescribed by Act.

(2) Martial law shall be of two types: extraordinary martial law and precautionary martial law.

(3) Under extraordinary martial law, special measures may be taken with respect to the necessity for warrants, freedom of speech, the press, assembly and association, or the powers of the Executive and the Judiciary under the conditions as prescribed by Act.

(4) When the President has proclaimed martial law, he shall notify it to the National Assembly without delay.

(5) When the National Assembly requests the lifting of martial law with the concurrent vote of a majority of the total members of the National Assembly, the President shall comply.

계엄 국가긴급사태 시 군병력을 동원하는 것. 「계엄법」에서 상세히 정하고 있다. 계엄도 엄격하게 통제된다.

계엄도 국회에 의해 철저히 통제된다. 병력으로 국회까지 마비시키는 경우에는 국민이 저항해야 한다.

77

제78조

대통령은 헌법과 법률이 정하는 바에 의하여 공무원을 임면한다.

제79조

(1) 대통령은 법률이 정하는 바에 의하여 사면·감형 또는 복권을 명할 수 있다.

(2) 일반사면을 명하려면 국회의 동의를 얻어야 한다.

(3) 사면·감형 및 복권에 관한 사항은 법률로 정한다.

제80조

대통령은 법률이 정하는 바에 의하여 훈장 기타의 영전을 수여한다.

Article 78

The President shall appoint and dismiss public officials under the conditions as prescribed by the Constitution and Act.

Article 79

(1) The President may grant amnesty, commutation and restoration of rights under the conditions as prescribed by Act.

(2) The President shall receive the consent of the National Assembly in granting a general amnesty.

(3) Matters pertaining to amnesty, commutation and restoration of rights shall be determined by Act.

Article 80

The President shall award decorations and other honors under the conditions as prescribed by Act.

임면 임명하거나 면직하는 행위. 전직·휴직·징계 처분 등도 포함된다. 78

사면 일반사면은 형선고의 효력 또는 공소권이 상실되고, 특별사면은 형 집행이 면제된다. 국회의 동의가 필요없는 특별사면의 방식을 통하여 사면권이 남용되어 오고 있다. 사면권의 남용은 재판을 희화화시키고 결국 법치주의의 붕괴를 가져온다. 79

감형 일반감형은 원칙적으로 형이 변경되고, 특별감형은 원칙적으로 형 집행이 경감된다.

복권 형선고로 상실 또는 정지된 자격이 회복된다. 「사면법」이 있다.

훈장 등 영전수여가 남발되면 그 권위는 추락되고 만다. 80

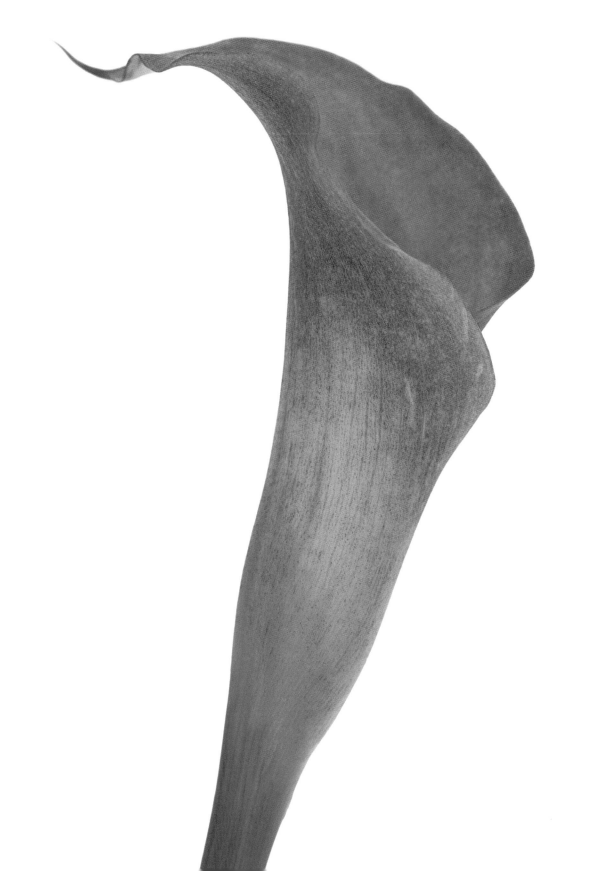

제81조

대통령은 국회에 출석하여 발언하거나 서한으로 의견을 표시할 수 있다.

제82조

대통령의 국법상 행위는 문서로써 하며, 이 문서에는 국무총리와 관계 국무위원이 부서한다. 군사에 관한 것도 또한 같다.

제83조

대통령은 국무총리·국무위원·행정각부의 장 기타 법률이 정하는 공사의 직을 겸할 수 없다.

Article 81

The President may attend and address the National Assembly or express his views by written message.

Article 82

The acts of the President under law shall be executed in writing, and such documents shall be countersigned by the Prime Minister and the members of the State Council concerned. The same shall apply to military affairs.

Article 83

The President shall not concurrently hold the office of Prime Minister, a member of the State Council, the head of any Executive Ministry, nor other public or private posts as prescribed by Act.

부서 대통령의 전횡을 막기 위해 국무총리와 국무위원이 같이 서명하는 행위 81

부서 없는 행위_ 탄핵사유가 될 뿐 유효하다는 설과 탄핵사유도 되고 무효라는 설이 대립한다. 제도의 연혁과 취지상 후자가 옳다. 82

공직의 청렴성과 공무의 공정성을 확보하기 위한 것이다. 83

제84조

대통령은 내란 또는 외환의 죄를 범한 경우를 제외하고는 재직 중 형사상의 소추를 받지 아니한다.

제85조

전직대통령의 신분과 예우에 관하여는 법률로 정한다.

Article 84

The President shall not be charged with a criminal offense during his tenure of office except for insurrection or treason.

Article 85

Matters pertaining to the status and courteous treatment of former Presidents shall be determined by Act.

대통령이 죄를 범한 경우에는 재직 중이라도 언제나 수사는 가능하다. 이런 수사가 공정하게 이루어지기 위해서는 특별검사제도가 필요하다. <u>84</u>

「전직대통령 예우에 관한 법률」이 있다. 막강한 권한을 가진 대통령을 아무나 하면 될까? 어떤 사람이 대통령이 되어야 국민이 행복하고 국가가 튼튼해질까? 우리는 어떤 기준을 가지고 대통령을 뽑고 있는가? <u>85</u>

제2절 행정부

제1관 국무총리와 국무위원

제86조
(1) 국무총리는 국회의 동의를 얻어 대통령이 임명한다.
(2) 국무총리는 대통령을 보좌하며, 행정에 관하여 대통령의 명을 받아 행정각부를 통할한다.
(3) 군인은 현역을 면한 후가 아니면 국무총리로 임명될 수 없다.

국무총리 임명 국무총리 지명 → 국회 동의 [86] →국무총리 임명
국회 인사 청문의 대상임. '국무총리서리'는 헌법에 위반된다.

국무총리를 '일인지하 만인지상(一人之下 萬人之上)'이라고 하는 것은 신분제적 발상으로, 잘못된 것이다. 국무총리는 임명직 공무원으로서, 대통령을 보좌하는 지위이다. 어떤 경우에도 국민 위에 군림하는 자가 될 수 없다.

SECTION 2   The Executive Branch

Sub-Section 1   The Prime Minister and Members of the State Council

Article 86
(1) The Prime Minister shall be appointed by the President with the consent of the National Assembly.
(2) The Prime Minister shall assist the President and shall direct the Ministries under order of the President.
(3) No member of the military shall be appointed Prime Minister unless he is retired from active duty.

제87조

(1) 국무위원은 국무총리의 제청으로 대통령이 임명한다.

(2) 국무위원은 국정에 관하여 대통령을 보좌하며, 국무회의의 구성원으로서 국정을 심의한다.

(3) 국무총리는 국무위원의 해임을 대통령에게 건의할 수 있다.

(4) 군인은 현역을 면한 후가 아니면 국무위원으로 임명될 수 없다.

문민 현역 군인이 아닌 일반 국민. 군사정부는 허용되지 않는다. 문민정부 ↔ 군사정부   87

Article 87

(1) The members of the State Council shall be appointed by the President on the recommendation of the Prime Minister.

(2) The members of the State Council shall assist the President in the conduct of state affairs and, as constituents of the State Council, shall deliberate on State affairs.

(3) The Prime Minister may recommend to the President the removal of a member of the State Council from office.

(4) No member of the military shall be appointed a member of the State Council unless he is retired from active duty.

제2관 국무회의

제88조

(1) 국무회의는 정부의 권한에 속하는 중요한 정책을 심의한다.

(2) 국무회의는 대통령·국무총리와 15인 이상 30인 이하의 국무위원으로 구성한다.

(3) 대통령은 국무회의의 의장이 되고, 국무총리는 부의장이 된다.

국무회의는 심의기관이고 의결기관이 아니다. 88 문서에 의한 대통령의 최종 결정행위가 있어야 효력이 발생한다.

Sub-Section 2 The State Council

Article 88

(1) The State Council shall deliberate on important policies that fall within the power of the Executive.

(2) The State Council shall be composed of the President, the Prime Minister, and other members whose number shall be no more than thirty and no less than fifteen.

(3) The President shall be the Chairman of the State Council, and the Prime Minister shall be the Vice-Chairman.

제89조

다음 사항은 국무회의의 심의를 거쳐야 한다.

  1. 국정의 기본계획과 정부의 일반정책

  2. 선전 · 강화 기타 중요한 대외정책

  3. 헌법개정안 · 국민투표안 · 조약안 · 법률안 및 대통령령안

  4. 예산안 · 결산 · 국유재산처분의 기본계획 · 국가의 부담이 될 계약 기타 재정에 관한 중요사항

  5. 대통령의 긴급명령 · 긴급재정경제처분 및 명령 또는 계엄과 그 해제

  6. 군사에 관한 중요사항

  7. 국회의 임시회 집회의 요구

  8. 영전수여

  9. 사면 · 감형과 복권

  10. 행정각부간의 권한의 획정

  11. 정부안의 권한의 위임 또는 배정에 관한 기본계획

  12. 국정처리상황의 평가 · 분석

  13. 행정각부의 중요한 정책의 수립과 조정

  14. 정당해산의 제소

  15. 정부에 제출 또는 회부된 정부의 정책에 관계되는 청원의 심사

  16. 검찰총장 · 합동참모의장 · 각군참모총장 · 국립대학교총장 · 대사 기타 법률이 정한 공무원과 국영기업체관리자의 임명

  17. 기타 대통령 · 국무총리 또는 국무위원이 제출한 사항

89 대통령은 국무회의의 심의 결과와 다르게 결정할 수 있다는 것이 다수 견해이다. 이 경우 국무위원은 부서 거부로 대통령의 권한 행사를 견제할 수 있다.

Article 89

The following matters shall be referred to the State Council for deliberation:

1. Basic plans for state affairs, and general policies of the Executive;

2. Declaration of war, conclusion of peace and other important matters pertaining to foreign policy;

3. Draft amendments to the Constitution, proposals for national referendums, proposed treaties, legislative bills, and proposed presidential decrees;

4. Budgets, settlement of accounts, basic plans for disposal of state properties, contracts incurring financial obligation on the State, and other important financial matters;

5. Emergency orders and emergency financial and economic actions or orders by the President, and declaration and termination of martial law;

6. Important military affairs;

7. Requests for convening an extraordinary session of the National Assembly;

8. Awarding of honors;

9. Granting of amnesty, commutation and restoration of rights;

10. Demarcation of jurisdiction between Executive Ministries;

11. Basic plans concerning delegation or allocation of powers within the Executive;

12. Evaluation and analysis of the administration of state affairs;

13. Formulation and coordination of important policies of each Executive Ministry;

14. Action for the dissolution of a political party;

15. Examination of petitions pertaining to executive policies submitted or referred to the Executive;

16. Appointment of the Prosecutor General, the Chairman of the Joint Chiefs of Staff, the Chief of Staff of each armed service, the presidents of national universities, ambassadors, and such other public officials and managers of important State-run enterprises as designated by Act; and

17. Other matters presented by the President, the Prime Minister or a member of the State Council.

제90조

(1) 국정의 중요한 사항에 관한 대통령의 자문에 응하기 위하여 국가원로로 구성되는 국가원로자문회의를 둘 수 있다.

(2) 국가원로자문회의의 의장은 직전대통령이 된다. 다만, 직전대통령이 없을 때에는 대통령이 지명한다.

(3) 국가원로자문회의의 조직·직무범위 기타 필요한 사항은 법률로 정한다.

제91조

(1) 국가안전보장에 관련되는 대외정책·군사정책과 국내정책의 수립에 관하여 국무회의의 심의에 앞서 대통령의 자문에 응하기 위하여 국가안전보장회의를 둔다.

(2) 국가안전보장회의는 대통령이 주재한다.

(3) 국가안전보장회의의 조직·직무범위 기타 필요한 사항은 법률로 정한다.

국가안전보장회의의 구성_대통령·국무총리·통일부장관·외교부장관·국방부장관·국가정보원장·대통령이 정하는 약간의 위원 | 90

법무부장관의 참여로 위헌·위법 행위에 대한 통제 장치를 마련할 필요가 있다. 「국가안전보장회의법」이 있다. | 91

Article 90

(1) An Advisory Council of Elder Statesmen, composed of elder statesmen, may be established to advise the President on important affairs of State.

(2) The immediate former President shall become the Chairman of the Advisory Council of Elder Statesmen: Provided, That if there is no immediate former President, the President shall appoint the Chairman.

(3) The organization, function and other necessary matters pertaining to the Advisory Council of Elder Statesmen shall be determined by Act.

Article 91

(1) A National Security Council shall be established to advise the President on formulation of foreign, military and domestic policies related to national security prior to their deliberation by the State Council.

(2) The meetings of the National Security Council shall be presided over by the President.

(3) The organization, function and other necessary matters pertaining to the National Security Council shall be determined by Act.

제92조

(1) 평화통일정책의 수립에 관한 대통령의 자문에 응하기 위하여 민주평화통일
자문회의를 둘 수 있다.

(2) 민주평화통일자문회의의 조직·직무범위 기타 필요한 사항은 법률로 정한다.

제93조

(1) 국민경제의 발전을 위한 중요정책의 수립에 관하여 대통령의 자문에 응하기
위하여 국민경제자문회의를 둘 수 있다.

(2) 국민경제자문회의의 조직·직무범위 기타 필요한 사항은 법률로 정한다.

「민주평화통일자문회의법」이 있다. ₉₂

「국민경제자문회의법」이 있다. ₉₃

Article 92

(1) An Advisory Council on Democratic and Peaceful Unification may be established to advise the President on formulation of peaceful unification policy.

(2) The organization, function and other necessary matters pertaining to the Advisory Council on Democratic and Peaceful Unification shall be determined by Act.

Article 93

(1) A National Economic Advisory Council may be established to advise the President on formulation of important policies for developing the national economy.

(2) The organization, function and other necessary matters pertaining to the National Economic Advisory Council shall be determined by Act.

제3관 행정각부

제94조
행정각부의 장은 국무위원 중에서 국무총리의 제청으로 대통령이 임명한다.

제95조
국무총리 또는 행정각부의 장은 소관사무에 관하여 법률이나 대통령령의 위임 또는 직권으로 총리령 또는 부령을 발할 수 있다.

제96조
행정각부의 설치 · 조직과 직무범위는 법률로 정한다.

Sub-Section 3 The Executive Ministries

Article 94
Heads of Executive Ministries shall be appointed by the President from among members of the State Council on the recommendation of the Prime Minister.

Article 95
The Prime Minister or the head of each Executive Ministry may, under the powers delegated by Act or Presidential Decree, or ex officio, issue ordinances of the Prime Minister or the Executive Ministry concerning matters that are within their jurisdiction.

Article 96
The establishment, organization and function of each Executive Ministry shall be determined by Act.

행정각부의 장이 아닌 국무위원을 무임소(無任所) 국무위원이라고 한다. 현행 정부조직법은 이를 인정하지 않는다. **94**

함량미달자가 장관이 되면 국민과 나라는 어떻게 될까? **95**

우리 실정법 구조는 '헌법 → 법률 → 명령 → 규칙'으로 단계화 되어 있다.

법률보다 아래에 대통령령 · 총리령 · 부령과 같은 명령이 있다.

대통령령 대통령이 발하는 명령
총리령 국무총리가 발하는 명령
부령 행정각부의 장이 발하는 명령

대통령령은 총리령 · 부령보다 상위에 있다. 총리령과 부령은 같은 지위에 있다.

「정부조직법」이 있다. **96**

제4관 감사원

제97조
국가의 세입·세출의 결산, 국가 및 법률이 정한 단체의 회계검사와 행정기관 및 공무원의 직무에 관한 감찰을 하기 위하여 대통령 소속하에 감사원을 둔다.

제98조
(1) 감사원은 원장을 포함한 5인 이상 11인 이하의 감사위원으로 구성한다.
(2) 원장은 국회의 동의를 얻어 대통령이 임명하고, 그 임기는 4년으로 하며, 1 차에 한하여 중임할 수 있다.
(3) 감사위원은 원장의 제청으로 대통령이 임명하고, 그 임기는 4년으로 하며, 1 차에 한하여 중임할 수 있다.

국가개혁안에는 감사원의 기능을 국회로 이관 하여 국회의 대행정부 통제를 실질화하자는 방안이 있다. 97

감사원이 대통령의 반대세력을 억압·견제하 는 정치적 도구로 전락하면 안 된다. 98

감사원장의 임명 감사원장 지명 → 국회 동의 → 감사원장 임명

Sub-Section 4 The Board of Audit and Inspection

Article 97
The Board of Audit and Inspection shall be established under the direct jurisdiction of the President to inspect and examine the settlement of the revenues and expenditures of the State, the accounts of the State and other organizations specified by Act and the job performances of the executive agencies and public officials.

Article 98
(1) The Board of Audit and Inspection shall be composed of no less than five and no more than eleven members, including the Chairman.
(2) The Chairman of the Board shall be appointed by the President with the consent of the National Assembly. The term of office of the Chairman shall be four years, and he may be reappointed only once.
(3) The members of the Board shall be appointed by the President on the recommendation of the Chairman. The term of office of the members shall be four years, and they may be reappointed only once.

제99조
감사원은 세입·세출의 결산을 매년 검사하여 대통령과 차년도국회에 그 결과
를 보고하여야 한다.

제100조
감사원의 조직·직무범위·감사위원의 자격·감사대상공무원의 범위 기타 필
요한 사항은 법률로 정한다.

Article 99

*The Board of Audit and Inspection shall inspect the closing of accounts of
revenues and expenditures each year, and report the results to the President and
the National Assembly in the following year.*

Article 100

*The organization and function of the Board of Audit and Inspection, the
qualifications of its members, the range of the public officials subject to
inspection and other necessary matters shall be determined by Act.*

제5장 법원

제101조
(1) 사법권은 법관으로 구성된 법원에 속한다.
(2) 법원은 최고법원인 대법원과 각급법원으로 조직된다.
(3) 법관의 자격은 법률로 정한다.

제102조
(1) 대법원에 부를 둘 수 있다.
(2) 대법원에 대법관을 둔다. 다만, 법률이 정하는 바에 의하여 대법관이 아닌 법관을 둘 수 있다.
(3) 대법원과 각급법원의 조직은 법률로 정한다.

법관에는 지위에 높고 낮음이 없다. 지방법원 판사, 고등법원 판사, 대법관은 법관이라는 점에서 동등하다. 법관에는 계급이 없다. 101

각급법원 고등법원, 특허법원, 행정법원, 지방법원, 가정법원, 군사법원이 있다.

한국 사법부의 문제는 대법원장을 정점으로 하는 수직적 사법관료주의에 근본원인이 있다.

「법원조직법」이 있다. 102

CHAPTER 5   THE COURTS

Article 101
(1) Judicial power shall be vested in courts composed of judges.
(2) The courts shall be composed of the Supreme Court, which is the highest court of the State, and other courts at specified levels.
(3) Qualifications for judges shall be determined by Act.

Article 102
(1) Departments may be established in the Supreme Court.
(2) There shall be Supreme Court Justices at the Supreme Court: Provided, That judges other than Supreme Court Justices may be assigned to the Supreme Court under the conditions as prescribed by Act.
(3) The organization of the Supreme Court and lower courts shall be determined by Act.

제103조

법관은 헌법과 법률에 의하여 그 양심에 따라 독립하여 심판한다.

제104조

(1) 대법원장은 국회의 동의를 얻어 대통령이 임명한다.

(2) 대법관은 대법원장의 제청으로 국회의 동의를 얻어 대통령이 임명한다.

(3) 대법원장과 대법관이 아닌 법관은 대법관회의의 동의를 얻어 대법원장이 임명한다.

Article 103

Judges shall rule independently according to their conscience and in conformity with the Constitution and Act.

Article 104

(1) The Chief Justice of the Supreme Court shall be appointed by the President with the consent of the National Assembly.

(2) The Supreme Court Justices shall be appointed by the President on the recommendation of the Chief Justice and with the consent of the National Assembly.

(3) Judges other than the Chief Justice and the Supreme Court Justices shall be appointed by the Chief Justice with the consent of the Conference of Supreme Court Justices.

양심_법관 개인의 주관적 양심이 아닌 직무상의 객관적 양심. 제19조의 양심의 자유에서 말하는 양심과 다르다. 103

법관의 소신 외부의 영향에 굴하지 않고 법의 정신을 지키는 신념. 개인적 확신이 강한 것은 법관의 덕목이 아니다. 다양한 의견을 겸허하게 경청하고 불편부당(不偏不黨)한 자세를 유지하는 것이 법관의 덕목이다.

대법원장의 임명 대법원장 지명 → 국회 동의 → 대법원장 임명 104

법관을 선거하는 방식도 있다. 검사도 선거로 뽑는 방식이 있다.

대법원장의 인사독재를 방지하는 장치를 마련하는 것이 사법개혁의 핵심이다.

제105조

(1) 대법원장의 임기는 6년으로 하며, 중임할 수 없다.

(2) 대법관의 임기는 6년으로 하며, 법률이 정하는 바에 의하여 연임할 수 있다.

(3) 대법원장과 대법관이 아닌 법관의 임기는 10년으로 하며, 법률이 정하는 바에 의하여 연임할 수 있다.

(4) 법관의 정년은 법률로 정한다.

제106조

(1) 법관은 탄핵 또는 금고 이상의 형의 선고에 의하지 아니하고는 파면되지 아니하며, 징계처분에 의하지 아니하고는 정직·감봉 기타 불리한 처분을 받지 아니한다.

(2) 법관이 중대한 심신상의 장해로 직무를 수행할 수 없을 때에는 법률이 정하는 바에 의하여 퇴직하게 할 수 있다.

금고 형무소 내에 구치하되, 징역과 달리 노역 105
을 시키지 않는 형

재판의 독립을 위해 법관의 신분이 보장되어 106
야 한다.

오판은 국민과 나라의 불행

Article 105

(1) The term of office of the Chief Justice shall be six years and he shall not be reappointed.

(2) The term of office of the Justices of the Supreme Court shall be six years and they may be reappointed as prescribed by Act.

(3) The term of office of judges other than the Chief Justice and Justices of the Supreme Court shall be ten years, and they may be reappointed under the conditions as prescribed by Act.

(4) The retirement age of judges shall be determined by Act.

Article 106

(1) No judge shall be removed from office except by impeachment or a sentence of imprisonment without prison labor or heavier punishment, nor shall he be suspended from office, have his salary reduced or suffer any other unfavorable treatment except by disciplinary action.

(2) In the event a judge is unable to discharge his official duties because of serious mental or physical impairment, he may be retired from office under the conditions as prescribed by Act.

제107조

(1) 법률이 헌법에 위반되는 여부가 재판의 전제가 된 경우에는 법원은 헌법재판소에 제청하여 그 심판에 의하여 재판한다.

(2) 명령·규칙 또는 처분이 헌법이나 법률에 위반되는 여부가 재판의 전제가 된 경우에는 대법원은 이를 최종적으로 심사할 권한을 가진다.

(3) 재판의 전심절차로서 행정심판을 할 수 있다. 행정심판의 절차는 법률로 정하되, 사법절차가 준용되어야 한다.

제108조

대법원은 법률에서 저촉되지 아니하는 범위안 에서 소송에 관한 절차, 법원의 내부규율과 사무처리에 관한 규칙을 제정할 수 있다. 「대법원규칙」이 있다.

Article 107

(1) When the constitutionality of a law is at issue in a trial, the court shall request a decision of the Constitutional Court, and shall judge according to the decision thereof.

(2) The Supreme Court shall have the power to make a final review of the constitutionality or legality of administrative decrees, regulations or actions, when their constitutionality or legality is at issue in a trial.

(3) Administrative appeals may be conducted as a procedure prior to a judicial trial. The procedure of administrative appeals shall be determined by Act and shall be in conformity with the principles of judicial procedures.

Article 108

The Supreme Court may establish, within the scope of Act, regulations pertaining to judicial proceedings and internal discipline and regulations on administrative matters of the court.

제109조

재판의 심리와 판결은 공개한다. 다만, 심리는 국가의 안전보장 또는 안녕질서를 방해하거나 선량한 풍속을 해할 염려가 있을 때에는 법원의 결정으로 공개하지 아니할 수 있다.

제110조

(1) 군사재판을 관할하기 위하여 특별법원으로서 군사법원을 둘 수 있다.
(2) 군사법원의 상고심은 대법원에서 관할한다.
(3) 군사법원의 조직·권한 및 재판관의 자격은 법률로 정한다.
(4) 비상계엄하의 군사재판은 군인·군무원의 범죄나 군사에 관한 간첩죄의 경우와 초병·초소·유독음식물공급·포로에 관한 죄중 법률이 정한 경우에 한하여 단심으로 할 수 있다. 다만, 사형을 선고한 경우에는 그러하지 아니하다.

재판공개주의이다. 109

군사재판_군사법원이 관할하는 재판으로「군사법원법」에서 정하고 있다. 110

단심 상소를 할 수 없는 재판을 말한다. 헌법에서 정하는 경우에만 단심으로 재판할 수 있다.

Article 109

Trials and decisions of the courts shall be open to the public: Provided, That when there is a danger that such trials may undermine the national security or disturb public safety and order, or be harmful to public morals, trials may be closed to the public by court decision.

Article 110

(1) Courts-martial may be established as special courts to exercise jurisdiction over military trials.
(2) The Supreme Court shall have the final appellate jurisdiction over courts-martial.
(3) The organization and authority of courts-martial, and the qualifications of their judges shall be determined by Act.
(4) Military trials under an extraordinary martial law may not be appealed in case of crimes of soldiers and employees of the military; military espionage; and crimes as defined by Act in regard to sentinels, sentry posts, supply of harmful foods and beverages, and prisoners of war, except in the case of a death sentence.

제6장 헌법재판소

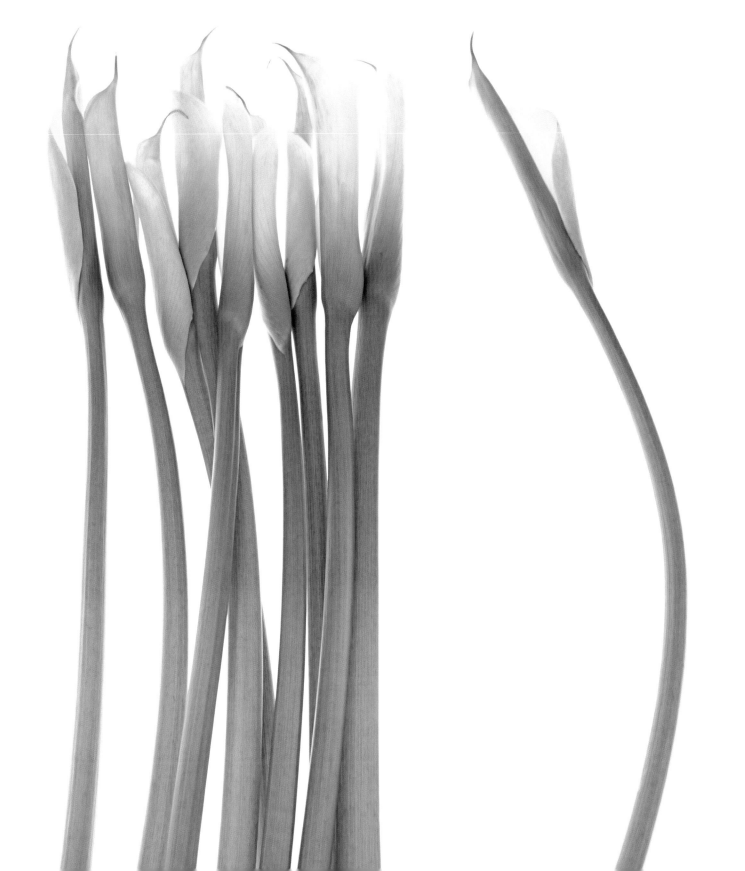

제111조

(1) 헌법재판소는 다음 사항을 관장한다.

       1. 법원의 제청에 의한 법률의 위헌여부 심판

       2. 탄핵의 심판

       3. 정당의 해산 심판

       4. 국가기관 상호간, 국가기관과 지방자치단체간 및 지방자치단체 상호간의 권한쟁의에 관한 심판

       5. 법률이 정하는 헌법소원에 관한 심판

(2) 헌법재판소는 법관의 자격을 가진 9인의 재판관으로 구성하며, 재판관은 대통령이 임명한다.

(3) 제2항의 재판관 중 3인은 국회에서 선출하는 자를, 3인은 대법원장이 지명하는 자를 임명한다.

(4) 헌법재판소의 장은 국회의 동의를 얻어 재판관 중에서 대통령이 임명한다.

제112조

(1) 헌법재판소 재판관의 임기는 6년으로 하며, 법률이 정하는 바에 의하여 연임할 수 있다.

(2) 헌법재판소 재판관은 정당에 가입하거나 정치에 관여할 수 없다.

(3) 헌법재판소 재판관은 탄핵 또는 금고 이상의 형의 선고에 의하지 아니하고는 파면되지 아니한다.

헌법재판이 없는 헌법은 빛 좋은 개살구일 뿐
이다. 재판 없는 법이 이빨 빠진 사자인 것처
럼 헌법재판이 성공해야 국민이 주인 된 자리
에 있을 수 있다.   111

헌법소원은 헌법재판의 꽃
대통령 임명
    3인 국회선출
    3인 대법원장 지명
    3인 대통령 임명

헌법재판소장의 임명 재판관 중에서 헌법재판
소장 후보자 지명 → 국회 동의 → 헌법재판소
장 임명

헌법재판소장은 대통령, 국회의장, 대법원장과
동렬(同列)의 지위에 있다.   112

CHAPTER 6   THE CONSTITUTIONAL COURT

Article 111

(1) The Constitutional Court shall have jurisdiction over the following matters:

1. The constitutionality of Acts upon the request of the courts;

2. Impeachment;

3. Dissolution of a political party;

4. Competence disputes between State agencies, between State agencies and local governments, and between local governments; and

5. Constitutional complaint as prescribed by Act.

(2) The Constitutional Court shall be composed of nine Justices qualified to be court judges, and they shall be appointed by the President.

(3) Among the Justices referred to in paragraph (2), three shall be appointed from persons selected by the National Assembly, and three appointed from persons nominated by the Chief Justice of the Supreme Court.

(4) The president of the Constitutional Court shall be appointed by the President among the Justices with the consent of the National Assembly.

Article 112

(1) The term of office of the Justices of the Constitutional Court shall be six years and they may be reappointed under the conditions as prescribed by Act.

(2) The Justices of the Constitutional Court shall not join any political party, nor shall they participate in political activities.

(3) No Justice of the Constitutional Court shall be expelled from office except by impeachment or a sentence of imprisonment without prison labor or heavier punishment.

제113조

(1) 헌법재판소에서 법률의 위헌결정, 탄핵의 결정, 정당해산의 결정 또는 헌법소원에 관한 인용결정을 할 때에는 재판관 6인 이상의 찬성이 있어야 한다.

(2) 헌법재판소는 법률에 저촉되지 아니하는 범위 안에서 심판에 관한 절차, 내부규율과 사무처리에 관한 규칙을 제정할 수 있다.

(3) 헌법재판소의 조직과 운영 기타 필요한 사항은 법률로 정한다.

인용결정 헌법소원심판청구를 이유 있다고 하 113
여 받아들이는 결정

「헌법재판소규칙」이 있다.

「헌법재판소법」이 있다.

Article 113

(1) When the Constitutional Court makes a decision of unconstitutionality of a law, a decision of impeachment, a decision of dissolution of a political party or an affirmative decision regarding the constitutional complaint, the concurrence of six Justices or more shall be required.

(2) The Constitutional Court may establish regulations relating to its proceedings and internal discipline and regulations on administrative matters within the limits of Act.

(3) The organization, administration and other necessary matters of the Constitutional Court shall be determined by Act.

제7장 선거관리

제114조

(1) 선거와 국민투표의 공정한 관리 및 정당에 관한 사무를 처리하기 위하여 선거관리위원회를 둔다.

(2) 중앙선거관리위원회는 대통령이 임명하는 3인, 국회에서 선출하는 3인과 대법원장이 지명하는 3인의 위원으로 구성한다. 위원장은 위원 중에서 호선한다.

(3) 위원의 임기는 6년으로 한다.

(4) 위원은 정당에 가입하거나 정치에 관여할 수 없다.

(5) 위원은 탄핵 또는 금고 이상의 형의 선고에 의하지 아니하고는 파면되지 아니한다.

(6) 중앙선거관리위원회는 법령의 범위 안에서 선거관리·국민투표관리 또는 정당사무에 관한 규칙을 제정할 수 있으며, 법률에 저촉되지 아니하는 범위 안에서 내부규율에 관한 규칙을 제정할 수 있다.

(7) 각급 선거관리위원회의 조직·직무범위 기타 필요한 사항은 법률로 정한다.

선거관리기관이 집권 세력의 정치적 도구로 변질되면 민주주의는 실패하고 만다. 선거는 민주주의 성패의 관건이다. 114

「선거관리위원회법」이 있다.

CHAPTER 7 ELECTION MANAGEMENT

Article 114

(1) The Election Commissions shall be established for the purpose of fair management of elections and national referenda, and dealing with administrative affairs concerning political parties.

(2) The National Election Commission shall be composed of three members appointed by the President, three members selected by the National Assembly, and three members designated by the Chief Justice of the Supreme Court. The Chairman of the Commission shall be elected from among the members.

(3) The term of office of the members of the Commission shall be six years.

(4) The members of the Commission shall not join political parties, nor shall they participate in political activities.

(5) No member of the Commission shall be expelled from office except by impeachment or a sentence of imprisonment without prison labor or heavier punishment.

(6) The National Election Commission may establish, within the limit of Acts and decrees, regulations relating to the management of elections, national referenda, and administrative affairs concerning political parties and may also establish regulations relating to internal discipline that are compatible with Act.

(7) The organization, function and other necessary matters of the election commissions at each level shall be determined by Act.

제115조

(1) 각급 선거관리위원회는 선거인명부의 작성 등 선거사무와 국민투표사무에 관하여 관계 행정기관에 필요한 지시를 할 수 있다.

(2) 제1항의 지시를 받은 당해 행정기관은 이에 응하여야 한다.

제116조

(1) 선거운동은 각급 선거관리위원회의 관리하에 법률이 정하는 범위 안에서 하되, 균등한 기회가 보장되어야 한다.

(2) 선거에 관한 경비는 법률이 정하는 경우를 제외하고는 정당 또는 후보자에게 부담시킬 수 없다.

Article 115

(1) Election Commissions at each level may issue necessary instructions to administrative agencies concerned with respect to administrative affairs pertaining to elections and national referenda such as the preparation of the pollbooks.

(2) Administrative agencies concerned, upon receipt of such instructions, shall comply.

Article 116

(1) Election campaigns shall be conducted under the management of the election commissions at each level within the limit set by Act. Equal opportunity shall be guaranteed.

(2) Except as otherwise prescribed by Act, expenditures for elections shall not be imposed on political parties or candidates.

제8장 지방자치

제117조
(1) 지방자치단체는 주민의 복리에 관한 사무를 처리하고 재산을 관리하며, 법령의 범위 안에서 자치에 관한 규정을 제정할 수 있다.
(2) 지방자치단체의 종류는 법률로 정한다.

제118조
(1) 지방자치단체에 의회를 둔다.
(2) 지방의회의 조직·권한·의원선거와 지방자치단체의 장의 선임방법, 기타 지방자치단체의 조직과 운영에 관한 사항은 법률로 정한다.

규칙 지방자치단체의 장이 정하는 법 규범　117

지방자치단체는 특별시, 광역시, 특별자치시, 도, 특별자치도, 시, 군, 구가 있다. 「지방자치법」에서 정하고 있다.

조례 지방의회가 제정하는 법 규범　118

지방자치단체의 장에는 특별시장, 광역시장, 특별자치시장, 도지사, 시장, 군수, 구청장이 있다.

지방의회는 반드시 선거로 구성해야 한다. 지방자치단체의 장은 선거 또는 임명으로 정할 수 있다.

CHAPTER 8   LOCAL AUTONOMY

Article 117
(1) Local governments shall deal with administrative matters pertaining to the welfare of local residents, manage properties, and may enact provisions relating to local autonomy, within the limit of Acts and subordinate statutes.
(2) The types of local governments shall be determined by Act.

Article 118
(1) The local government shall have a council.
(2) The organization and powers of local councils, and the election of their members; election procedures for heads of local governments; and other matters pertaining to the organization and operation of local governments shall be determined by Act.

제9장 경제

제119조
(1) 대한민국의 경제질서는 개인과 기업의 경제상의 자유와 창의를 존중함을 기본으로 한다.
(2) 국가는 균형 있는 국민경제의 성장 및 안정과 적정한 소득의 분배를 유지하고, 시장의 지배와 경제력의 남용을 방지하며, 경제주체간의 조화를 통한 경제의 민주화를 위하여 경제에 관한 규제와 조정을 할 수 있다.

제120조
(1) 광물 기타 중요한 지하자원·수산자원·수력과 경제상 이용할 수 있는 자연력은 법률이 정하는 바에 의하여 일정한 기간 그 채취·개발 또는 이용을 특허할 수 있다.
(2) 국토와 자원은 국가의 보호를 받으며, 국가는 그 균형 있는 개발과 이용을 위하여 필요한 계획을 수립한다.

경제 조항을 두지 않는 헌법도 많다. 119

시장경제는 우리 헌법상 경제 질서의 최고 원리이다.

국가는 시장의 실패를 방치하면 안 된다. 국가는 언제나 계급적 중립성을 유지해야 한다. 공공복리와 공동선을 실현하는 것이기 때문이다.

국토와 자원은 자손만대로 함께 향유해야 한다. 120

CHAPTER 9   THE ECONOMY

Article 119

(1) The economic order of the Republic of Korea shall be based on respect for the freedom and creative initiative of enterprises and individuals in economic affairs.

(2) The State may regulate and coordinate economic affairs in order to maintain the balanced growth and stability of the national economy, to ensure proper distribution of income, to prevent the domination of the market and abuse of economic power and to democratize the economy through harmony among the economic agents.

Article 120

(1) Licenses to exploit, develop or utilize minerals and all other important underground resources, marine resources, water power, and natural powers available for economic use may be granted for a period of time under the conditions as prescribed by Act.

(2) The land and natural resources shall be protected by the State, and the State shall establish a plan necessary for their balanced development and utilization.

제121조

(1) 국가는 농지에 관하여 경자유전의 원칙이 달성될 수 있도록 노력하여야 하며, 농지의 소작제도는 금지된다.

(2) 농업생산성의 제고와 농지의 합리적인 이용을 위하거나 불가피한 사정으로 발생하는 농지의 임대차와 위탁경영은 법률이 정하는 바에 의하여 인정된다.

제122조

국가는 국민 모두의 생산 및 생활의 기반이 되는 국토의 효율적이고 균형 있는 이용·개발과 보전을 위하여 법률이 정하는 바에 의하여 그에 관한 필요한 제한과 의무를 과할 수 있다.

「국토기본법」, 「국토의 계획 및 이용에 관한 법률」 등이 있다.   122

Article 121

(1) The State shall endeavor to realize the land-to-the-tillers principle with respect to agricultural land. Tenant farming shall be prohibited.

(2) The leasing of agricultural land and the consignment management of agricultural land to increase agricultural productivity and to ensure rational utilization of agricultural land or due to unavoidable circumstances, shall be recognized under the conditions as prescribed by Act.

Article 122

The State may impose, under the conditions as prescribed by Act, restrictions or obligations necessary for efficient and balanced utilization, development and preservation of the land of the nation that is the basis for the productive activities and daily lives of all citizens.

제123조

(1) 국가는 농업 및 어업을 보호 · 육성하기 위하여 농 · 어촌종합개발과 그 지원 등 필요한 계획을 수립 · 시행하여야 한다.

(2) 국가는 지역간의 균형 있는 발전을 위하여 지역경제를 육성할 의무를 진다.

(3) 국가는 중소기업을 보호 · 육성하여야 한다.

(4) 국가는 농수산물의 수급균형과 유통구조의 개선에 노력하여 가격안정을 도모함으로써 농 · 어민의 이익을 보호한다.

(5) 국가는 농 · 어민과 중소기업의 자조조직을 육성하여야 하며, 그 자율적 활동과 발전을 보장한다.

「농어업 · 농어촌 및 식품산업 기본법」, 「농어촌정비법」, 「농촌진흥법」 등이 있다.

123

지역 균형 발전의 관건은 지역의 인재 양성과 재정 확보에 있다.

「중소기업기본법」, 「중소기업창업 지원법」 등이 있다.

협동조합은 자율 · 자조조직이므로 국가에 의해 통제되어서는 안 된다.

Article 123

(1) The State shall establish and implement a plan to comprehensively develop and support the farm and fishing communities in order to protect and foster agriculture and fisheries.

(2) The State shall have the duty to foster regional economies to ensure the balanced development of all regions.

(3) The State shall protect and foster small and medium enterprises.

(4) In order to protect the interests of farmers and fishermen, the State shall endeavor to stabilize the prices of agricultural and fishery products by maintaining an equilibrium between demand and supply of such products and improving their marketing and distribution systems.

(5) The State shall foster organizations founded on the spirit of self-help among farmers, fishermen and businessmen engaged in small and medium industry and shall guarantee their independent activities and development.

제124조

국가는 건전한 소비행위를 계도하고 생산품의 품질향상을 촉구하기 위한 소비자보호운동을 법률이 정하는 바에 의하여 보장한다.

제125조

국가는 대외무역을 육성하며, 이를 규제·조정할 수 있다.

제126조

국방상 또는 국민경제상 긴절한 필요로 인하여 법률이 정하는 경우를 제외하고는, 사영기업을 국유 또는 공유로 이전하거나 그 경영을 통제 또는 관리할 수 없다.

「소비자기본법」이 있다. 124

「무역거래 기반조성에 관한 법률」이 있다. 125

Article 124

The State shall guarantee consumer protection movements intended to encourage sound consumption activities and improvement in the quality of products under the conditions as prescribed by Act.

Article 125

The State shall foster foreign trade, and may regulate and coordinate it.

Article 126

Private enterprises shall not be nationalized nor transferred to ownership by a local government, nor shall their management be controlled or administered by the State, except in cases as prescribed by Act to meet urgent necessities of national defense or the national economy.

제127조

(1) 국가는 과학기술의 혁신과 정보 및 인력의 개발을 통하여 국민경제의 발전에 노력하여야 한다.

(2) 국가는 국가표준제도를 확립한다.

(3) 대통령은 제1항의 목적을 달성하기 위하여 필요한 자문기구를 둘 수 있다.

「국가표준기본법」이 있다.
「국가과학기술자문회의법」이 있다.

127

Article 127

(1) The State shall strive to develop the national economy by developing science and technology, information and human resources and encouraging innovation.

(2) The State shall establish a system of national standards.

(3) The President may establish advisory organizations necessary to achieve the purpose referred to in paragraph (1).

제10장 헌법개정

제128조
(1) 헌법개정은 국회재적의원 과반수 또는 대통령의 발의로 제안된다.
(2) 대통령의 임기연장 또는 중임변경을 위한 헌법개정은 그 헌법개정 제안 당시의 대통령에 대하여는 효력이 없다.

제129조
제안된 헌법개정안은 대통령이 20일 이상의 기간 이를 공고하여야 한다.

현직 대통령의 장기집권을 위한 개헌은 절대 불가능하다. 128

CHAPTER 10   AMENDMENTS TO THE CONSTITUTION

Article 128
(1) A proposal to amend the Constitution shall be introduced either by a majority of the total members of the National Assembly or by the President.
(2) Amendments to the Constitution for the extension of the term of office of the President or for a change allowing for the reelection of the President shall not be effective for the President in office at the time of the proposal for such amendments to the Constitution.

Article 129
Proposed amendments to the Constitution shall be put before the public by the President for twenty days or more.

제130조

(1) 국회는 헌법개정안이 공고된 날로부터 60일 이내에 의결하여야 하며, 국회의 의결은 재적의원 3분의 2 이상의 찬성을 얻어야 한다.

(2) 헌법개정안은 국회가 의결한 후 30일 이내에 국민투표에 붙여 국회의원선거권자 과반수의 투표와 투표자 과반수의 찬성을 얻어야 한다.

(3) 헌법개정안이 제2항의 찬성을 얻은 때에는 헌법개정은 확정되며, 대통령은 즉시 이를 공포하여야 한다.

Article 130

(1) The National Assembly shall decide upon the proposed amendments within sixty days of the public announcement, and passage by the National Assembly shall require the concurrent vote of two thirds or more of the total members of the National Assembly.

(2) The proposed amendments to the Constitution shall be submitted to a national referendum not later than thirty days after passage by the National Assembly, and shall be determined by more than one half of all votes cast by more than one half of voters eligible to vote in elections for members of the National Assembly.

(3) When the proposed amendments to the Constitution receive the concurrence prescribed in paragraph (2), the amendments to the Constitution shall be finalized, and the President shall promulgate it without delay.

헌법개정도 국민이 최종 결정한다. 130

헌법의 처음부터 끝까지 관통하는 원리는 역시 '국민이 주인이다'라는 것. 국민주권원리

우리는 대한민국의 주인이다. 우리 헌법이 '나'라는 존재를 이렇듯 철저하게 보호하고 있다. 그런데 누가 나를 행복하지 못하게 만드는가? '헌법의 적'은 누구인가?

부칙

제1조

이 헌법은 1988년 2월 25일부터 시행한다. 다만, 이 헌법을 시행하기 위하여 필요한 법률의 제정·개정과 이 헌법에 의한 대통령 및 국회의원의 선거, 기타 이 헌법 시행에 관한 준비는 이 헌법시행 전에 할 수 있다.

제2조

(1) 이 헌법에 의한 최초의 대통령선거는 이 헌법시행일 40일 전까지 실시한다.

(2) 이 헌법에 의한 최초의 대통령의 임기는 이 헌법시행일로부터 개시한다.

제3조

(1) 이 헌법에 의한 최초의 국회의원선거는 이 헌법공포일로부터 6월 이내에 실시하며, 이 헌법에 의하여 선출된 최초의 국회의원의 임기는 국회의원선거 후 이 헌법에 의한 국회의 최초의 집회일로부터 개시한다.

(2) 이 헌법공포 당시의 국회의원의 임기는 제1항에 의한 국회의 최초의 집회일 전일까지로 한다.

ADDENDA

Article 1

This Constitution shall enter into force on the twenty-fifth day of February, anno Domini Nineteen hundred and eighty-eight: Provided, That the enactment or amendment of Acts necessary to implement this Constitution, the elections of the President and the National Assembly under this Constitution and other preparations to implement this Constitution may be carried out prior to the entry into force of this Constitution.

Article 2

(1) The first presidential election under this Constitution shall be held not later than forty days before this Constitution enters into force.

(2) The term of office of the first President under this Constitution shall commence on the date of its enforcement.

Article 3

(1) The first elections of the National Assembly under this Constitution shall be held within six months from the promulgation of this Constitution. The term of office of the members of the first National Assembly elected under this Constitution shall commence on the date of the first convening of the National Assembly under this Constitution.

(2) The term of office of the members of the National Assembly incumbent at the time this Constitution is promulgated shall terminate the day prior to the first convening of the National Assembly under paragraph (1).

제4조

(1) 이 헌법시행 당시의 공무원과 정부가 임명한 기업체의 임원은 이 헌법에 의하여 임명된 것으로 본다. 다만, 이 헌법에 의하여 선임방법이나 임명권자가 변경된 공무원과 대법원장 및 감사원장은 이 헌법에 의하여 후임자가 선임될 때까지 그 직무를 행하며, 이 경우 전임자인 공무원의 임기는 후임자가 선임되는 전일까지로 한다.

(2) 이 헌법시행 당시의 대법원장과 대법원판사가 아닌 법관은 제1항 단서의 규정에 불구하고 이 헌법에 의하여 임명된 것으로 본다.

(3) 이 헌법 중 공무원의 임기 또는 중임제한에 관한 규정은 이 헌법에 의하여 그 공무원이 최초로 선출 또는 임명된 때로부터 적용한다.

제5조

이 헌법시행 당시의 법령과 조약은 이 헌법에 위배되지 아니하는 한 그 효력을 지속한다.

법규범의 지속효를 보장하여 국가의 계속성을 보장하는 것이다. 5

제6조

이 헌법시행 당시에 이 헌법에 의하여 새로 설치될 기관의 권한에 속하는 직무를 행하고 있는 기관은 이 헌법에 의하여 새로운 기관이 설치될 때까지 존속하며 그 직무를 행한다.

Article 4

(1) Public officials and officers of enterprises appointed by the Government, who are in office at the time of the enforcement of this Constitution, shall be considered as having been appointed under this Constitution: Provided, That public officials whose election procedures or appointing authorities are changed under this Constitution, the Chief Justice of the Supreme Court and the Chairman of the Board of Audit and Inspection shall remain in office until such time as their successors are chosen under this Constitution, and their terms of office shall terminate the day before the installation of their successors.

(2) Judges attached to the Supreme Court who are not the Chief Justice or Justices of the Supreme Court and who are in office at the time of the enforcement of this Constitution shall be considered as having been appointed under this Constitution notwithstanding the proviso of paragraph (1).

(3) Those provisions of this Constitution which prescribe the terms of office of public officials or which restrict the number of terms that public officials may serve, shall take effect upon the dates of the first elections or the first appointments of such public officials under this Constitution.

Article 5

Acts, decrees, ordinances and treaties in force at the time this Constitution enters into force, shall remain valid unless they are contrary to this Constitution.

Article 6

Those organizations existing at the time of the enforcement of this Constitution which have been performing the functions falling within the authority of new organizations to be created under this Constitution, shall continue to exist and perform such functions until such time as the new organizations are created under this Constitution.

대한
민국
헌법
解題

국민이 주인이고 모든 정당성의 원천인 국민주권주의가 지배하는 오늘날의 입헌민주국가에서는 어느 나라나 헌법을 가지고 있다. 각 나라의 헌법의 역사를 보면 다양한 역사적 배경을 가지고 있다. 1776년 미합중국의 버지니아권리장전에서 근대 입헌주의헌법이 태동한 이래 1787년 최초의 근대헌법인 미합중국연방헌법이 제정되었고, 1789년에는 프랑스혁명 이후에 「인간과 시민의 권리선언」이 있었다. 근대 입헌주의헌법의 역사를 연 헌법들이다.

고대 그리스시대에도 많은 도시국가들이 그들의 헌법을 가지고 있었는데, 아리스토텔레스가 조사한 것만 해도 150여 개 이상이고, 그 일부 내용은 그의 「정치학」과 「아테네헌법」에 남아 있다. 공동체의 기본적인 틀에 대해 규정한 헌법은 고대국가의 헌법과 같이 과거에도 있었지만, 공동체 주민의 자유와 권리, 즉 권리장전을 최고법에 정한 것은 근대 입헌주의헌법에 와서 비로소 실현되었다.

우리나라의 경우에도 조선시대 「경국대전(經國大典)」에서 국가의 기본적인 틀과 성격을 정하고 있었다. 국가의 기본적인 틀을 정한 최고법이라는 면에서는 「경국대전」도 헌법이다. 그러나 「경국대전」은 국민의 자유와 권리를 정하고 있지 않았기 때문에 근대 입헌주의헌법이라고 할 수는 없다. 일본 제국주의가 우리의 강토를 침략하여 점령하기 전까지 「경국대전」을 포함하여 이를 확대한 「대전회통(大典會通)」이 이 땅의 기본법으로 작동하고 있었다.

그러나 일본제국주의가 이 땅을 침략하여 그들의 법으로 우리 국민을 지배할 때, 우리 선조들은 중국에서 독립운동을 전개하며 일본의 제국주의적 침략을 부정하고 우리의 강토를 다시 찾으려고 목숨을 바쳤다. 이 시기에 우리의 선조들은 여전히 나라의 정통성을 지키고 찬란한 역사의 맥을 끊어짐이 없이 이어오고자 했고, 이러한 의지는 「대한민국임시정부헌법」으로 나타났다. 대한민국임시정부헌법은 시기적으로 각기 「대한민국임시헌장」(1919. 4. 11.), 「대한민국임시헌법」(1919. 9. 11.), 「대한민국임시헌장」(1925. 4. 7.), 「대한민국임시약헌」(1927. 4. 11.), 「대한민국임시약

헌」(1940. 10. 9.),「대한민국임시헌장」(1944. 4. 22.)이라는 이름으로 개정되면서 전개되었다. 나라가 일본제국주의에 강탈당하였던 고난과 역경의 시기에 목숨을 바쳐가며 이런 헌법을 만들어 나라의 맥을 잇고자 한 선열들의 독립운동에서는 감동의 눈물을 흘리지 않을 수 없는 역사의 뜨거운 피를 느낄 수 있다.

1945년 일본제국주의의 식민통치로부터 우리나라를 되찾고 새롭게 나라를 건국한 헌법이 1948년헌법이다.「대한민국헌법」은 여기에서 시작된다. 1948년에 제정된「대한민국헌법」은 1952년, 1954년, 1960년 6월, 1960년 11월, 1962년, 1969년, 1972년, 1980년, 1987년에 각각 개정되었다. 이러한 헌법의 개정에서는 적지 않은 경우 권력자들과 정치세력들의 권력 장악에 대한 욕심을 충족시키기 위한 불순한 의도들도 발견할 수 있으나, 인권에 대한 인식의 증대로 점점 기본권 규정들이 충실화되는 모습들을 보여왔고, 1960년과 1987년의 헌법개정은 우리 국민들의 민주주의와 법치주의에 대한 열망으로 대단히 현대적인 모습을 보여준 것이다.

1948년에 제정된「대한민국헌법」은 국민의 자유와 기본권을 정한 현대 입헌주의 헌법으로서 그 내용이 상당히 현대적이고 진보적이다. 물론 이에 대해서는 명목적인 것이 아니냐 하는 견해가 제기되기도 했지만「헌법제정회의록」을 살펴보아도 당시의 역사에 대면한 실존적 결단이었으므로 한 나라의 헌법을 명목적인 것만으로 치부할 것은 아니다. 우리 현대사의 왜곡으로 헌법이 충분히 실현되지 못한 점은 있으나, 헌법 개정의 세밀한 부분을 들여다보면, 우리 국민은 그 나름대로 역사의 발전과 진보에 대한 신뢰를 가지고 현대 국가에 합당한 헌법을 만들고자 노력해왔음을 확인할 수 있다. 특히 1960년의 4・19와 1987년의 민주화대항쟁 이후에 만들어진 1960년헌법과 1987년헌법은 우리 국민의 자유와 기본권의 실현에 대한 열망이 강하게 나타나 있다. 1960년의 헌법은 헌법을 철저하게 살아있는 헌법으로 작동시키기 위해 우리 헌정사상 최초로 헌법재판소를 만들었다. 그러나 1961년 5・16 군사쿠데타로 인하여 1960년헌법의 헌법재판소는 문도 열어 보지 못하는 비극을 맞이하였다. 이러한 좌절은 1987년헌법에서 헌법재판소를 제대로 만들게 됨에 따라 극복이 되었는데, 1987년헌법에서 채택한 헌법재판소도 당시 아시아지역에서는 최초로 생겨난 것이었다. 현재까지 20년에 가까운 세월 동안 한국 헌법재판의 성공은 세계적으로도 널리 알려져 있을 뿐 아니라, 동유럽 및 중앙아시아 등 민주화로의 체제전환 국가에서도 헌법의 개정과 새로운 헌법의 채택에 즈음하여 우리 헌법재판제도와 헌법재판의 경험에 많은 주목을 했고, 그 경험과 제도를 나누어 가지기도 했다.

한국은 식민통치와 북한의 남침에 따른 전쟁도 겪었지만, 산업화를 성공적으로 달성했고 민주화에도 성공하였다. 이러한 역사는 세계사적으로도 성공한 나라에 속한다. 그러나 그러한 역사속에서도 인권의 침해와 권력의 남용은 있었다. 이는 한국이 선진화되는 데 있어 해결해야 할 과제이기도 하다.

현대 입헌민주국가의 헌법은 공동체의 안전 및 존속과 그 공동체에서 살고 있는 국민의 행복을 실현하기 위하여 공동체를 유지하는 원리와 국가를 구성하는 원리를 정하고 있다. 이를 국가의 구성원리라고 한다. 우리 헌법에는 법치주의원리, 민주주의원리, 단일국가원리가 헌법의 구성원리로 구현되어 있다. 헌법의 구성원리는 다시 국민의 기본권의 보장과 국가권력의 배분·작용으로 구체화되어 있다. 이러한 헌법의 원리들과 이들이 구체화되어 있는 기본권 보장과 국가권력의 조직·작용을 올바로 이해해야 우리 헌법이 정하고 있는 내용을 바로 알 수 있고, 또 헌법을 실현하기 위한 노력이 실천으로 연결될 수 있다.

현실에서도 그렇지만 지식인사회에서도 우리 헌법이 어떠한 규범질서를 구축하고 있으며 우리가 어떤 규범질서에서 생활하고 있는지에 대해 진지하게 생각하고 있는 것 같지는 않아 보인다. 그래서 우리 공동체를 규율하고 있는 규범질서와는 동떨어진 주장을 하는가 하면 아예 수없이 반복된 원론적인 논의를 새로운 것인 양 반복하기도 한다. 이런 현실과 동떨어진 논의는 이론의 현실적합성을 떨어뜨리는 것일 뿐 아니라 담론으로 하여금 현실과 괴리된 형태를 가지게 한다. 이것은 한 개인의 수준에서 발생할 뿐 아니라 국가 정책의 수준에서도 발생한다.

   민주화를 표방하고 있는 현재도 그렇지만 우리의 과거 역사에서 공동체의 현실과 국가권력 행사의 현실은 헌법과는 분리되어 작동하였기 때문에 헌법의 규범적 가치에 대한 진지한 논의는 희박했다. 이러한 문제점은 우리로 하여금 입헌민주국가의 실현에서 시간적으로 지체하게 만들고 법치주의가 현실에서 힘을 가지지 못하게 만드는 원인이기도 하다. 과거 자유의 결핍에서 오늘날 자유의 포화에 이르기까지 여전히 우리의 구체적인 삶이 규범의 상실과 혼돈의 상태에 있는 것은 자기를 둘러싸고 있는 규범의 의미를 진지하게 고민하지 않은 것에서 초래된 점도 크다. 아직도 자유를 옥죄는 국가권력이 횡행하고 있음에도 이를 피부에 닿게 느끼지 못하는 것은 자유의 규범적인 의미를 올바로 인식하지 못하고 있기 때문이다. 개인의 자유와 타인과 더불어 살아가는 공동체에서의 자유 그리고 국가권력이 작동하는 권력의 장에서의 자유의 의미를 제대로 인식할 때 개개인에게도 행동준칙이 발견되고 국가의 작용에서도 행위준칙을 발견할 수 있다.

   오늘날 입헌민주국가에서는 이런 기본적인 규범적 판단과 가치판단 그리고 행동준칙이 헌법에 마련되어 있다. 따라서 우리의 경우 우리나라 헌법을 먼저 이해하고 이를 일상적인 삶에서 체화하는 것이 필요하다. 물론 이런 체화가 헌법의 발전과 헌법의 개정을 고려하지 않는 것은 아니지만, 먼저 현재 존재하는 헌법을 어떻게 현실에 실현시키는가 하는 것이 무엇보다 중요하다. 우리 헌법의 기본적인 구조와 내용은 다음과 같이 설명할 수 있다.

자유의 보장

자유와 평등의 보장이야말로 자유민주주의헌법의 핵심적인 내용이다. 이러한 자유와 평등의 보장은 자연인인 개인의 자유와 평등은 물론이고, 단체와 정당의 조직과 활동의 자유와 평등도 포함한다. 단체는 결사의 자유에 의해 조직되고 그 활동의 자유를 보장받는다(헌법 제21조 제1항). 정당의 설립은 자유이고, 복수정당은 보장된다(헌법 제8조 제1항). 정당의 자유가 무한정으로 인정되는 것이 아니라 민주적 기본질서를 지키는 한도에서 인정되며, 이를 위반하면 해산된다(헌법 제8조 제4항). 헌법에서 보장하고 있는 자유와 평등 등 기본권적 가치를 부정하는 행위를 하는 정당도 당연히 위헌정당으로 해산된다.

개인은 누구를 막론하고 인간으로서의 존엄과 가치를 인정받으며, 행복을 추구할 권리를 가진다(헌법 제10조). 이를 전제로 하여 개인의 모든 자유가 보장된다. 신체의 자유(헌법 제12조), 거주·이전의 자유(헌법 제14조), 직업의 자유(헌법 제15조), 주거의 자유(헌법 제16조), 사생활의 비밀과 자유(헌법 제17조), 통신의 자유(헌법 제18조), 양심의 자유(헌법 제19조), 종교의 자유(헌법 제20조), 언론·출판의 자유(헌법 제21조 제1항), 집회·결사의 자유(헌법 제21조 제1항), 학문의 자유(헌법 제22조 제1항), 예술의 자유(헌법 제22조 제1항), 계약의 자유(헌법 제10조), 혼인의 자유(헌법 제36조 제1항) 등이 자유를 보장하는 것의 전형이다. 이러한 자유의 영역을 보장하는 것 이외에도 재산권, 선거권, 피선거권, 청원권, 재판을 받을 권리, 형사보상청구권, 손해배상청구권, 교육을 받을 권리, 근로의 권리, 단결권·단체교섭권·단체행동권, 인간다운 생활을 할 권리, 환경권 등이 보장되고 있다. 모든 기본권에는 기본권을 자유로이 행사할 수 있는 자유가 포함되어 있다.

우리 헌법에는 이와 같이 명시적으로 개별적인 기본권을 정하고 있는 경우도 있지만, 인간의 삶에 필요한 자유가 특정 시점을 기준으로 모두 구체적인 이름을 띠고 있을 수는 없으므로 인간이 살아가면서 발견하게 될 자유도 헌법상 보장된다는 장치를 해둘 필요가 있다. 그래서 헌법은 제37조 제1항에 "국민의 자유와 권리는 헌법에 열거되지 아니한 이유로 경시되지 아니한다"고 정하여, 종교의 자유, 신체의 자유 등과 같이 헌법에서 구체적으로 이름을 붙여 명시적으로 정하고 있지 않아도 헌법적 수준에서 보호되어야 할 자유가 발견되면 당연히 헌법이 기본권으로 보장한다는 것을 정하고 있다. 따라서 헌법은 인간의 자유의 보장에 있어서는 모든 영역에 걸쳐 완벽하게 커버하는 장치를 두고 있다. 헌법의 제10조와 제37조 제1항은 자유의 보장에서 어떠한 허점이나 공백도 인정하지 않겠다는 것으로 자유의 보장에서는 일단 완벽한 장치를 마련하고 있다.

우리 헌법상 국민이 이런 여러 기본권을 행사함에 있어서 자유는 언제나 보장된다. 헌법에서 이런 권리를 기본권으로 보장하는 의미의 가장 중요한 것은 어떠한 경우에도 국민의 자유는 국가권력으로부터 침해되지 않는다고 하는 국가에 대한 개인의 방어권으로서 의미를 가진다. 모든 기본권은 대국가적인 면에 있어서 방어권으로서의 성격을 가진다. 이런 면에서 어떤 종류의 기본권이든 자유의 보장은 공통으로 포함되어 있다고 할 수 있다.

우리 헌법에서 열거된 기본권과 열거되지 않은 기본권(헌법 제37조 제1항)의 보장을 보건대, 이러한 자유의 보장이야말로 정치, 경제, 사회, 문화 등 인간 활동의 모든 영역에서 필요한 자유를 보장하는 것이다. 따라서 이것은 우리 헌법이 자유민주주의를 규범화하고 있는 징표적인 요소이다.

그런데 이러한 자유는 무한한 것이 아니고, 방임의 것도 아니다. 이런 자유는 타인의 자유와 권리를 침해하지 않는 범위 내에서 인정되며, 다른 사람과 같이 살아가는 공동체의 존속과 발전을 침해하지 않는 범위 내에서 향유할 수 있는 것이다. 이 문제는 이미 칸트(I. Kant)의 정언명령에 의해 공식화되었다. 그리고 이 명제는 윤리학의 전제로 되어 있다. 우리 헌법은 이 점을 분명히 하고 있다. 즉 국민의 자유가 보장된다고 하더라도 국가안전보장, 질서유지, 공공복리를 위하여 필요한 경우에는 법률로써 제한할 수 있다. 이러한 것은 인간이 공동체나 타인과 분리되어 존재하는 것이 아니라는 것을 전제로 하고 있다. 따라서 '절대적 자유주의'나 '자유방임주의'는 우리 헌법이 인정하지 않는다. 우리 헌법이 규율하는 공동체 질서 내에서의 자유는 어디까지나 공동체의 존속과 안전, 평화를 전제로 하고, 타인과 더불어 함께 살아가는 상생(相生)을 전제로 하는 개념이다.

이와 같이 헌법에서 보장되는 자유도 이러한 범위에서 제한을 받는 것이기는 하지만 이런 가치들이 있기만 하면 국민의 자유가 마음대로 제한될 수 있는 것은 아니다. 국가안전보장, 질서유지, 공공복리라는 가치에 의해 자유를 제한하는 경우에도 법치주의가 요구하는 원칙을 지켜야 하고, 헌법이 자유를 보장한다는 규범적인 가치를 지켜야 한다. 그래서 자유의 제한에는 과잉금지원칙이 적용되고 기본권의 본질적인 내용은 침해할 수 없다는 원리가 적용된다(헌법 제37조 제2항). 과잉금지원칙은 자유의 제한에 있어서 첫째, 제한의 목적과 수단이 서로 적합하여야 하고, 둘째, 그 수단이 적합하다고 하더라도 다양한 수단 중 최소의 침해를 가져오는 것이어야 하며, 셋째, 최소의 수단이라고 하더라도 그 수단에 의한 제한이 수인할 수 없는 정도의 것이어서는 안 된다는 것을 내용으로 하고 있다. 따라서 국민의 자유를 제한하는 입법이든 행정처분이든 재판은 이러한 과잉금지원칙에 위반되어서는 안 된다. 물론 자유의 제한이 자유의 본질적인 내용을 침해하는 자유의 부정이 되어서도 안 된다.

헌법상의 자유의 보장은 이러한 구조를 지니고 있다. 종래 자유에 대해 전개된 많은 철학적 논의와 윤리학적 논의들은 우리 헌법에서 이렇게 정치한 구조를 가지고 보장되어 있다.

헌법상의 이런 자유의 보장은 결국 자유라고 하더라도 한계가 있다는 것을 규범화한 것이다. 자유의 보장은 가치상대주의를 전제로 하는 것이지만, 자신의 존재를 부정하는 극단적인 가치상대주의까지 용인하는 것은 아니다. 이런 점이 강하게 부각되는 지점이 사상의 자유이다. 사상의 자유도 헌법 제37조 제2항의 제한을 받는 것은 당연하다. 특히 정치적 사상의 경우 사상의 실행이 헌법적 가치를 부정하는 정당활동으로 나타나는 경우에는 이를 금지하고 있는 것이 우리 헌법의 특색이다. 즉 정당의 활동이 민주적 기본질서에 위배될 때에는 헌법재판소의 심판으로 해산된다(헌법 제8조 제4항). 예컨대 공산주의나 사회주의를 실천하는 정당은 우리나라에서 존재할 수 없다. 자신을 공격하는 적에 대하여 자유를 인정할 수는 없다는 것이며, 헌법을 부정하는 자유는 인정하지 않는다는 것이다. 이러한 적의 활동을 인정하는 것은 자기존재에 대한 부정이 되어 자기모순이기 때문이다. 예컨대 독일에서는 나치를 체험하면서 극단적 가치상대주의가 가져오는 위험을 절실히 깨달았다. 독일에서 위헌정당해산은 물론이고 헌법을 수호하기 위한 제도와 헌법적대적 행위들을 규율하고 있는 장치도 이런 이유 때문이다. 공산주의자들의 무력 침략에 피흘리며 자유민주주의를 지켜온 우리나라의 경우도 이와 다르지 않다.

권력분립의 제도화

인간의 자유가 국가질서 속에서 제대로 보장되기 위해서는 국가권력의 제도화에서도 이런 자유보장의 정신이 관철되어야 한다. 인간의 역사에서 경험적으로 확인된 바에 의하면 인간에게는 지배욕구가 무한정으로 확대되고, 인간이 상대방의 의지를 저지할 수 있는 영향력과 권력을 가지면 남용의 위험은 언제나 상존한다는 사실이다. 이러한 것은 국가권력의 제도화에서도 고려되어야 한다. 국가권력을 한 사람의 수중에 맡겨놓고 그러한 한 사람이 자비와 선의로 모든 국민에게 헌신하기를 바라는 것은 메시아의 출현을 기대하는 것과 같이 어리석고 위험하다는 것을 역사적으로 경험적으로 확인한 이상 근대 이후 헌법은 이러한 어리석고 위험한 기대를 하지 않는다.

그 결과 근대 이후 헌법은 국가권력을 철저하게 분산시키고 있다. 국가권력의 분산은 역사적으로 군주의 권력에서 시민의 권력으로 이양되는 과정에서 이루어졌지만, 그후 이런 분산은 단순히 분산에만 그친 것이 아니라 분산된 권력 간의 기능의 배분과 상호 통제로 이어졌다. 따라서 오늘날 헌법에서 제도화되어 있는 권력의 분립은 권력의 집중을 부정하는 균형적인 권력의 분산과 분산된 권력에 국가의 기능이 배분되는 기능 배분과 이런 권력 간의 상호 통제를 그 내용으로 하고 있다.

이런 권력분립의 제도화는 자유의 보장에 있어서 필수적이다. 권력의 집중이 자유의 부정과 파괴를 가져왔던 경험에 비추어 이런 권력의 분립은 자유의 보장에서 필요적인 것으로 존재한다. 그리고 이런 분산된 권력들간에 상호 통제가 작용하도록 하는 것은 권력의 남용을 권력메커니즘 내부에서 스스로 통제하고 완화시키는 것이 되어 권력의 남용에 의한 자유의 침해를 방지한다. 자유의 침해가 있는 경우 국가배상을 통하여 국가로 하여금 침해에 대하여 배상하게 하는 것도 자유의 보장에 있어서 중요하고 필요한 것이지만, 침해가 발생할 수 없게 사전에 통제하는 메커니즘을 구축하는 것은 더 중요하다.

우리 헌법은 이러한 권력분립을 제도화하고 있다. 크게 보면 우리 나라의 국가권력은 입법권, 행정권, 사법권, 헌법재판권 등 4권으로 나누어져 있다. 다시 말해 4권분립이라는 구조를 취하고 있다. 이러한 4권분립의 구조는 구체적으로 정부형태로 제도화되어 있다. 국회가 있고, 행정부가 있고, 법원과 헌법재판소로 나누어져 각기 그에 배분된 기능을 수행하고 있다.
그런데 우리 헌법상 보장된 권력분립이 작동하는 현실은 권력통합의 현상을 보이고 있다. 이러한 것은 과거 독재나 권위주의통치에서 보던 것과 별로 다르지 않다. 1987년 민주화 이후 오늘날까지 이런 권력의 통합현상을 극복되지 않고 있다. 4권분립이지만 행정부 그 중에서도 대통령을 중심으로 권력이 통합되어 작용하고 있다. 그래서 지금도 '제왕적 대통령'으로 표현되는 권력통합의 문제를 해결하는 것이 중요한 과제로 되어 있다.

우리의 경우도 미국의 대통령제를 형식으로만 수입한 제3세계국가들과 같이 대통령제는 권위주의통치를 합법화하는 수단으로 전락되어 있다. 특히 한국의 대통령제는 한국의 지역주의의 모순과 결합하여 자원배분의 불균등을 초래하여 국가의 균형발전을 방해하고 있을 뿐 아니라 정치사회와 지역주의의 폐단을 심화시키고 있다. 국가 자원의 핵은 권력과 돈인데, 대통령의 인사권과 시장에 대한 권력과 영향력 그리고 국책사업의 불공정으로 대통령이 나온 지역에 권력과 돈이 집중되어 나머지 지역으로 가야 할 자원이 박탈되는 모순이 계속되고 있다. 이러한 상대적 박탈은 특정 지역의 빈곤화를 초래하여 국민 간에 지역갈등을 부채질하고 지역균형발전을 방해하고 있다. 이를 해결하는 방법으로 이원정부제나 의원내각제로 개헌을 해야 하는가 아니면 헌법을 개정하지 않더라도 법률차원에서 대통령제가 정상적으로 작동할 수 있는 방법을 마련할 수 있는가 하는 점을 계속 숙고할 필요가 있다.

아무튼 헌법의 현실은 이렇다 하더라도 헌법이 원래 구상하는 것은 우리가 현실에서 보는 것과는 다른 것이므로 헌법이 원래 구상하고 있는 상태를 실현시키는 것이 중요하다. 이런 점에서 우리 헌법이 취하고 있는 자유민주주의적 성격에 대한 보다 깊은 이해가 필요하고 이를 현실에 관철할 수 있는 담론의 형성과 제도의 모색이 필요한 것이다.

사유재산의 보장

경제적 자유주의에서 가장 중요한 것이 사유재산의 보장과 계약과 거래의 자유이다. 우리 헌법은 사유재산을 보장하고 있다. 헌법 제23조 제1항은 "모든 국민의 재산권은 보장된다"라고 하고 있다. 그리고 이런 재산권은 소급입법에 의해 박탈되지도 않는다. 헌법 제13조는 "모든 국민은 소급입법에 의하여……재산권의 박탈을 당하지 않는다"고 정하고 있다. 이러한 사유재산의 보장은 경제적 자유와 함께 자본주의경제질서의 바탕을 형성하고 있다. 생산수단의 사유야말로 자본주의의 본질적 요소이다.

그런데 헌법에서 정하고 있는 사유재산은 절대적인 것은 아니다. 사소유가 인정되는 재산권이라고 하더라도 그 행사에서 타인과 더불어 살아가는 사회 속에서의 재산이라는 의미를 가져야 한다. 재산권의 행사는 공공복리에 적합하여야 한다. 이것은 헌법 제23조 제2항에서 정하고 있다. 이러한 것을 통상 재산권의 사회적 성격이라고 말한다. 그러나 재산권이 사회적 성격을 가진다고 하여 사유적 성질이 부정되는 것은 아니다.

이러한 맥락에서 사유재산이라고 하더라도 공공필요에 의해 수용 또는 사용, 제한이 필요하면 국가는 재산소유자의 의사와 관계없이 강제로 수용, 사용, 제한할 수 있다. 댐을 건설하거나 공공의 필요에 의해 토지를 수용하거나 군사적 훈련을 위하여 일정한 토지 또는 재산을 사용하거나 공공의 이익을 위하여 토지 또는 재산의 사용에 제한을 가하는 것을 의미한다. 이것은 재산의 소유자의 의사에 반하여 행해질 수 있다. 이러한 것은 재산이 가지는 사회적 성질에서 용인되는 것이다. 그러나 이런 사회적 성질도 사소유적인 성격을 압도할 수는 없다. 그래서 이런 강제적인 수용, 사용, 제한의 경우에는 반드시 정당한 보상을 지급하도록 하고 있다. 이런 보상은 기본적으로 완전보상을 의미한다.

　한편 토지의 사용의 문제에 있어서는 사소유와 그에 대한 제한은 중요한 의미를 가진다. 그래서 헌법은 이 문제에 대해 따로 "국가는 국민 모두의 생산 및 생활의 기반이 되는 국토의 효율적이고 균형 있는 이용·개발과 보전을 위하여 법률이 정하는 바에 의하여 그에 관한 필요한 제한과 의무를 과할 수 있다"라고 정하고 있다(헌법 제122조). 토지의 특성상 토지재산권은 다른 재산권과 다를 수밖에 없다. 토지가 미래세대까지도 향유할 권리가 있는 것으로 보는 이상 이것은 전적으로 개인적 수준에서만 볼 수 없는 본질적 한계가 있다. 다만 토지의 소유가 시장경제질서와 얼마만한 연관이 있는가를 살펴 토지의 사소유를 인정할 것인가, 사소유를 인정하는 경우에도 어느 정도로 인정할 것인가 하는 문제들을 결정하는 것이 필요하다. 우리 헌법은 사유재산제도를 인정하기 때문에 토지가 다른 재산과 달리 특성을 가진다고 하더라도 경제활동에서 재산으로서의 가치와 기능을 과도하게 제한하는 것은 과잉금지원칙에 위반될 수 있다.

　재산의 의미는 시대와 환경의 변화에 따라 변천한다. 거기에서는 사소유적인 성격을 인정받지 못한 것도 새로 사소유적인 것으로 인정받을 수 있다. 오늘날 정보 지식 사회에 지적재산권의 보장은 이런 면을 단적으로 보여준다. 그러나 지식의 사소유 인정의 문제에서는 어디까지 공유로 하고 어디까지 사소유로 할 것인지 하는 것이 중요한 문제이다. 지식사회에서 모든 지식을 사소유화할 때 지식에서의 빈부의 격차는 엄청난 사회적 문제를 가져오고 지식과 정보의 지배가 경우에 따라서는 인적 지배를 초래할 위험도 있기 때문이다. 전 세계가 정보 지식의 그물망으로 덮여지는 오늘날 이 문제는 이제 일국 단위의 문제는 아니다. 이 문제는 국제적인 문제이기도 한다. 정보와 지식에서 강국과 빈국의 문제는 국제사회에서 남북 문제 만큼이나 심각한 문제를 제기할 것으로 보인다. 아무튼 우리나라에서는 이런 지적 생산물에 대해서도 사소유를 인정하며, 그 구체적인 내용은 법률로 정한다.

시장경제질서의 보장

자유주의 경제질서의 전형이 자유경쟁시장을 전제로 한 시장경제질서이다. 우리 헌법은 이런 시장경제질서를 보장한다. 우선 사소유권을 헌법에서 보장하고 계약의 자유를 보장한다. 계약자유는 헌법 제10조와 제37조 제1항에서 도출할 수 있다. 계약의 내용, 상대방, 시기를 자유롭게 정하는 것은 시장경제질서의 가장 근본적인 전제이다. 이러한 것은 한편으로 사적 자치의 보장을 의미하기도 한다. 논리적으로 보건대, 국가가 생겨나기 전에 공동체내의 인간들의 삶에는 사적인 자치부분이 가장 우선적으로 존재한다. 이러한 사적 자치의 우선은 헌법이 생겨난 근대 국가이후에도 여전히 보장되고 있다. 인간의 사회적 생활에서 사회성이 강조되더라도 이런 사회성이 사적 자치보다 우위에 설 수는 없다. 우리 헌법은 이런 사적 자치를 보장하고 있다.

이런 바탕 위에서 헌법 제119조는 "대한민국의 경제질서는 개인과 기업의 경제상의 자유와 창의를 존중함을 기본으로 한다"라고 하고 있다. 따라서 이러한 것은 우리 헌법이 자유시장경제질서를 경제체제로 채택하고 있음을 천명하고 있는 것이다. 이른바 '관치경제'라는 것은 이러한 헌법의 조항과 조화되기 어렵다.

그런데 이런 시장경제질서는 자유방임주의를 인정하는 것은 아니다. 이미 재산권의 보장에서도 보았듯이 재산권의 행사는 공공복리에 적합하게 해야 한다고 되어 있지만, 동시에 헌법 제119조 제2항은 "국가는 균형 있는 국민경제의 성장 및 안정과 적정한 소득의 분배를 유지하고, 시장의 지배와 경제력의 남용을 방지하며, 경제주체 간의 조화를 통한 경제의 민주화를 위하여 경제에 관한 규제와 조정을 할 수 있다"라고 천명하고 있다. 국가의 관여가 필요한 이런 경우에는 경제의 조정을 할 수 있다는 것을 의미한다. 이러한 것에서 우리 헌법이 상정하고 있는 완전경쟁시장을 전제로 한 자본주의 경제질서이며, 이러한 경제질서가 왜곡되고 시장질서가 깨어질 때에는 국가권력이 개입한다는 것을 알 수 있다. 따라서 시장에서의 독점이나 과점의 발생을 국가가 강제력으로 억제하며 불공정 거래는 거래의 자유를 침해하는 것으로 보고 규제하는 것이다. 경제주체간의 힘의 균등을 통하여 시장의 실패를 방지하는 것에서 헌법이 구상하는 시장경제질서의 모습이 드러난다.

한편 기업의 자유와 시장에서의 활동의 자유가 충분히 보장되어 있지만 다른 한편으로 소비자의 권리도 보장하고 있다. 이러한 것은 생산자와 소비자 간의 힘의 균등을 실현하려는 것이다. 헌법 제124조는 "국가는 건전한 소비행위를 계도하고 생산품의 품질향상을 촉구하기 위한 소비자보호운동을 법률이 정하는 바에 의하여 보장한다"라고 정하고 있다.

시장경제질서에서 자유와 대치되는 지점에 등장하고 있는 것이 복지와 분배의 정의이다. 분배의 정의만을 극단적으로 강조할 경우 경제적 자유가 위축될 수 있다. 그러나 복지와 분배의 정의가 경제적 자유와 조화될 수 없는 것은 아니다. 우리 헌법은 복지와 분배의 정의를 실현하기 위하여 이에 관한 권리를 기본권으로 정하고 있다. 헌법 제34조는 모든 국민은 인간다운 생활을 할 권리를 가진다고 정하고 있고, 근로의 권리(헌법 제32조 제1항)와 노동3권(헌법 제33조)을 헌법적 수준에서 보장하고 있다. 국가는 사회보장과 사회복지의 증진에 노력할 의무를 질 뿐 아니라(헌법 제34조 제2항), 노인, 연소자, 여자의 근로와 복지의 향상에 국가가 노력할 의무가 있다고 정하고 있다(헌법 제32조 제4항·제5항, 제34조 제3항·제4항).

이와 같이 복지와 분배의 정의는 복지국가원리로 우리 헌법에 규범화되어 있고, 자유주의국가원리와 조화를 이루며 헌법에 융합되어 있다. 따라서 헌법이 정하고 있는 자유주의는 복지와 배분의 정의를 배제하는 자유주의가 아니며 이를 포용하는 자유주의이다.

대의제 민주주의

정치적 자유민주주의의 징표적인 요소로는 정치적 자유를 기본권으로 보장하는 것과 국가의사결정방식에서 대의제를 채택하는 것이 거론된다. 오늘날 자유민주주의국가에서 예외 없이 대의제를 취하고 있기 때문에 대의제 민주주의는 자유민주주의국가의 징표로 거론된다.

대의제는 정교한 구조를 가지고 있다. 대의제는 국가의사결정에서 국가정책을 결정하는 자와 국가의사를 결정하는 자를 선정하는 자를 분리시킨다. 즉 국가정책결정기관과 이를 구성하는 국민이 따로 존재한다는 것을 가장 기본적인 구조로 하고 있다. 이런 것은 직접민주주의와 본질적으로 다른 점이다. 대의제에서 국가의사를 결정하는 자는 국민의 대표자이다. 국회의원이 그들이며, 직선 대통령제에서 선출된 대통령이 그에 해당한다. 대의제에서 국민은 국가의사결정기관을 구성하는 존재인데, 그렇다고 하여 통치권을 행사하는 대표자에 대해 단순히 통치를 받는 지위에 머무는 것이 아니라, 주권자의 지위에서 대표자를 선출하는 지위를 가진다. 이런 점에서 대의제는 국민주권과 민주주의의 이념을 충실히 수행하는 것이기도 하다. 따라서 선거는 대의제가 민주주의적 성질을 가지는 본질적인 요소이며, 선거권의 보장과 선거의 자유의 보장은 정치적 의사표현의 자유의 보장과 함께 정치적 자유주의의 핵심적인 요소이다. 국가의사결정에서 대표자는 누구의 간섭도 받지 않고 순전히 국민 전체의 이익을 위하여 양심에 따라 결정한다. 이런 결정의 독립성을 보장하기 위하여 선거구민의 지시나 명령은 금지된다. 만일 선거구민의 지시나 명령을 받게 되면 대표자는 자기 선거구민의 대리인이나 심부름꾼에 지나지 않게 되고 그 결과 대표자의 결정은 선거구민의 특수이익을 실현하는 것이 된다. 이런 것은 공동선의 실현이나 국민의 전체이익을 실현하는 것과 거리가 멀다. 특수이익이 지배하는 구조가 되면 국가는 특정 세력의 이익을 추구하고 실현하는 사적인 도구로 전락한다. 대의제에서는 언제나 전체이익이 특수이익보다 우선시 되는 관점에서 국가의사를 결정하고 정책을 수립한다. 그리고 이런 정책결정에 있어서 대표자는 국민에 대해 법적인 책임을 지지 않고 오로지 차기 선거에서 국민의 심판을 받는다. 정치적 책임만을 진다는 의미이다.

이런 대의제 민주주의는 직접민주주의가 현실적으로 실현하기 어렵게 되어 차선으로 선택되는 것이 아니다. 대의제는 공동체의 의사결정에서 시장의 실패를 극복하고자 하는 장치이므로 직접민주주의와는 그 이념에서 전혀 다르다. 직접민주주의는 경험적인 국민의 의사에 따라 국가의사를 결정하고 그런 결정이 잘못되어도 국민이 직접 정한 것이기 때문에 그뿐이라는 생각에 바탕을 두고 있다. 그러나 대의제는 이런 사고가 대단히 위험하다고 본다. 이미 버어크(E. Burke)가 지적하였듯이, 이익과 의사는 언제나 일치하는 것이 아니다. 즉 국민의 경험적인 의사에 따라 국가의사를 결정하고 그에 따라 정책을 수행한다고 하여 반드시 국민 전체에게 이익이 된다는 보장이 없다. 국민의 경험적인 의사는 잘못된 것일 수가 비일비재하다. 그래서 대의제는 의사와 이익은 언제나 일치하는 것이 아니라는 전제에서 국민전체의 이익과 항상 일치하는 국가의사를 정하는 방법을 고안하여 제도화한 것이다. 아무튼 대의제는 직접민주주의의 위험성을 직시하고 이를 배격하는 새로운 국가의사결정방식으로 등장한 것이다.

우리 헌법은 국가의사결정의 방식으로 이런 대의제를 채택하고 있다. 그래서 국민이 선거권을 행사하여 국회의원을 선출하여 국회를 구성하고(헌법 제41조 제1항) 대통령을 직접 선출한다(헌법 제67조 제1항). 공동체의 구성원이 가지는 이익이 동질적인 것이 아닌 한 직접민주주의를 채택하는 것을 불가능하며, 이질적인 이익들이 대립하는 상태에서 직접민주주의는 공동선을 실현할 수 없다. 그래서 우리 헌법은 직접민주주의를 배격하고 대의제를 채택하고 있다.

우리 헌법은 일상적인 국가의사결정을 대의제를 통하여 수행하면서도 극히 예외적인 경우에는 국민의 직접 결정을 인정하는 길을 열어 놓고 있다. 즉 "대통령은 필요하다고 인정할 때에는 외교·국방·통일 기타 국가안위에 관한 중요정책을 국민투표에 부칠 수 있다"(헌법 제72조)라고 정하고 있다. 이런 것은 국정 운영에서 극히 예외적으로 국민의 대표자가 판단하기에는 고도의 어려움 때문에 국민의 직접 결정에 따라 정책을 확정하기로 한 것이다. 그리고 이런 결정에서 국민이 잘못 결정한 것에 따르는 결과는 국민의 운명으로 치부한다. 대단히 위험한 발상이지만 이런 예외적인 제도를 마련해두고 있다. 이런 국민투표도 순전히 직접민주주의적인 것은 아니다. 국민투표에 회부할 것인가 말 것인가는 국민의 대표자인 대통령이 판단하기 때문이다. 아무튼 이런 예외적인 제도는 그 예외성으로 인하여 통상 활용되지 않는다. 오히려 이런 제도는 신임투표로 악용될 위험성이 있다. 그런 것은 이미 우리가 1970년대 유신체제에서 경험한 바 있다.

헌법재판의 제도화

자유주의의 충실한 보장은 규범에 의해 자유의 가치가 보장되어야 한다. 따라서 자유주의의 실현은 실정법에서 자유를 보장하는 것에서 확실해진다. 그런데 규범에서 자유를 보장하는 것으로 충분한 것은 아니다. 자유주의의 완성은 자유를 재판으로 보호하는 것이다. 자유를 침해하는 일체의 행위를 재판을 통하여 방어하는 것이다. 개인에 의한 개인의 자유의 침해는 민사재판과 형사재판으로 해결한다. 이러한 재판제도는 개인의 자유를 충실히 지키는 역할을 한다.

국가행위는 구체적으로 입법행위, 행정행위, 법원의 재판행위로 나타나는데, 이러한 국가의 행위에 의해 자유가 침해되는 경우 이를 어떻게 처리할 것인가 하는 것이 문제가 된다. 근대 국가의 탄생 이후 이 문제에 대해서는 여러 방법으로 대처해왔으나 그 결과는 헌법재판으로 귀결되었다. 헌법재판은 자유를 헌법에 기본권으로 정해놓고 이런 자유권을 침해하는 일체의 국가행위의 효력을 상실시키는 제도이다. 자유를 침해하는 입법행위, 행정행위, 재판행위의 효력을 상실시키는 제도이다. 통상 자유를 침해하는 행정행위는 행정소송으로 먼저 다투어지고 이를 통하여 해결되지만 통상의 행정소송을 통하여 해결되지 않는 경우는 헌법재판을 통하여 해결한다.

국가질서 내에서 개인의 자유를 보호하는 것은 기본적으로 국가에게 주어진 제1의 사명이고 과제이다. 그런데 이런 과제를 수행해야 할 국가가 도리어 국민의 자유를 침해할 때 이 문제를 어떻게 풀 것이냐 하는 것에서 경험적으로 발견해 낸 최종의 제도는 헌법재판이다.

우리나라의 경우 이런 헌법재판이 등장한 것은 1948년헌법에서 처음이었지만, 제대로 모습을 갖추고 실제에서도 법에 정한대로 작용하기 시작한 것은 1987년헌법, 즉 현행헌법이 시행된 시점부터이다. 1987년헌법에서 정한 헌법재판은 한국 민주화의 상징적 징표로 등장한 것이기도 하다. 현재의 헌법재판은 위헌법률심판(미국에서 말하는 사법심사), 헌법소원심판, 위헌정당해산심판, 탄핵심판, 기관쟁의심판으로 구성되어 있다. 특히 이 가운데 헌법소원심판은 1987년헌법에서 최초로 도입하였다. 헌법소원심판은 국민이 국가의 권력작용에 의해 자신의 기본권을 침해당한 경우 바로 헌법재판소에 심판을 청구하는 제도이다. 국가가 당연히 기본권을 보장하기 위하여 필요한 입법을 해야 함에도 하지 않은 경우에는 그러한 입법부작위에 대해서도 위헌이라고 다툴 수 있다. 이렇듯 헌법소원심판제도는 국민의 기본권의 보호에 있어서 강력한 것이다. 그래서 헌법소원심판을 헌법재판의 꽃이라고도 한다.

그런데 현행 우리 제도에서 빠진 것은 법원의 재판에 의해 국민의 기본권이 침해당한 경우 이 법원의 재판에 대해 국민이 헌법소원을 하는 길이다. 이것은 헌법재판제도를 입법화할 때 법원의 집요한 로비에 의해 제도가 비틀린 것이다. 재판은 본래 그 기능상 국민의 자유와 권리를 보호하는 것이지 국민의 자유와 권리를 침해할 수는 없는 것이다. 그러나 이런 재판도 사람이 하기 때문에 오판도 발생하고 국민의 자유와 권리를 침해하기도 한다. 기본적으로 재판에서의 오판은 상소절차를 통하여 바로 잡히지만 대법원의 재판까지 다 거친 경우에도 바로 잡히지 않으면 어떻게 할 것인가 하는 문제가 남는다. 바로 통상의 재판절차에서 최고심인 대법원의 재판이 형식에서는 재판이라는 이름으로 실제에서는 국민의 자유를 침해할 경우 이에 대해서도 대처하는 것이 필요하다. 이 문제를 해결하는 방법으로 고안된 것이 재판에 대한 헌법소원이다. 그런데 애석하게도 이런 제도가 현행 헌법재판에서는 빠져 있다. 우리는 현재까지 재판이라는 이름 하에 개인의 자유가 침해되는 것을 적지 않게 경험하고 있다. 이런 점을 고려하면 헌법재판소법을 개정하여 재판에 대한 헌법소원을 채택하는 것이 필요하다.

헌법재판은 자유와 평등의 보장에 있어서 필수적인 것이다. 우리나라는 아시아에서 처음으로 헌법재판을 실시하여 지금까지 성공적인 성과를 거두고 있다. 현재 한국의 헌법재판은 세계적으로도 상당한 수준으로 올라와 있으며, 그 성과도 세계적으로 알려져 있다. 이런 헌법재판은 자유민주주의를 지키는 최후의 보루이고, 입헌민주국가를 유지하는 안전판이다. 정치적 자유주의이든 경제적 자유주의이든 이것이 현실에서 효과적으로 보장되기 위해서는 결국 법에 의한 보장으로 귀결되고 이런 법에 의한 자유의 보장은 재판으로 보장될 때 실효성을 가질 수 있다. 재판에 의한 자유의 보장에서 최후의 안전판은 헌법재판이다. 따라서 오늘날 입헌민주국가에서 자유민주주의의 완성은 헌법재판으로 이루어진다고 해도 과언이 아니다.

그러나 이런 헌법재판도 국민이 정하는 사항까지 마음대로 결정할 수 없고, 국회가 민주주의의 틀 속에서 융통성 있게 형성해가는 세계까지 침해할 수는 없다. 이것이 헌법재판의 한계점이다. 이러한 선을 넘지 않는 범위에서만 헌법재판이 인정된다.

그렇지 않으면 우리는 국민주권의 자리를 헌법재판을 하는 사법관에게 내주는 것이 되고, 나라는 국민의 나라가 아니라 사법관의 나라가 되고 만다.

　우리 헌법은 현대 어떤 국가의 헌법과 비교해보더라도 상당히 체계적이고 충실한 내용을 가지고 있다. 우리 헌법은 제도적으로는 자유민주주의를 거의 완벽한 수준으로 보장하고 있다. 그 규범체계나 자유수호의 법시스템은 단단하게 구축되어 있다고 해도 지나친 것이 아니다. 아마 이런 헌법을 차근히 읽고 그 규범적인 의미를 곰곰이 되씹어보면 우리가 이 땅에 살고 있다는 것이 자랑스럽고 또 미래에 대하여 희망적인 전망을 가지고 신나게 헌법을 실현시키는 데 참여할 것이라고 생각된다. 문제는 이런 제도보다 현실이다. 시스템보다 시스템의 운용에서 심각한 문제들이 발생하고 있다.

　대한민국 헌법을 만든 것은 우리 국민이다. 지금까지 정치, 경제, 사회, 복지 등에서 많은 논의들이 꼬이고, 무리함이 발생하고 더 나아가서는 대형 권력형 부정부패가 끊이지 않는 것은 헌법을 제대로 지키지 않았기 때문이다. 역대 대통령이나 국회의원 등 권력자들이 주권자인 국민과 헌법을 한번이라도 진지하게 생각했다면 우리의 형편은 현저하게 달라졌으리라 생각한다. 물론 우리 헌법에는 시대에 합당하게 고쳐야 할 부분도 있다. 시대의 변화에 따라 그에 가장 잘 응답할 수 있는 법이 되어야 하기 때문이다. 정부형태에서 현재의 대통령제를 그대로 유지할 것인가 아니면 더 나은 대통령제로 개선할 것인가 또는 의원내각제로 변경할 것인가 하는 점은 우리 현실을 정확히 이해하고 우리의 문제를 해결하는 데 가장 적합한 길을 찾아야 한다. 또 헌법재판제도를 더 충실하게 하며, 국회의 기능을 더욱 활성화시킬 방안을 헌법에 정할 수도 있다. 그리고 과학 기술의 발달과 함께 사회의 구조와 삶의 방식이 달라지면 정보의 자유, 자기정보의 보호, 개인의 사생활의 보호, 통신의 비밀의 새로운 차원의 보호, 인간 복제와 존엄성의 문제, 안락사와 존엄사의 문제 등 여러 가지 지점에서 다시 생각하고 새로 삶의 경로를 설정할 필요가 생긴다. 이런 점에서 헌법은 여전히 시대와 우리의 삶의 변화에 열려져 있는 개방된 의사소통의 체계이다.

　국민이 정한 헌법을 실현한다는 것은 우리들이 합의한 뜻을 현실의 삶에 구현하는 것을 말한다. 이를 헌법실현이라고 한다. 이러한 실현은 현재 세대의 것만이 아니라 미래 세대의 이익도 고려된 것이라야 한다.

　헌법이 실현된 나라를 헌법국가라고 하고, 입헌주의국가라고 한다. 헌법을 실현하는 일은 국민과 국가가 함께 해야 한다. 헌법이 생활화되고, 국가의 작용과 국민의 생활이 헌법에 합치될 때 자유민주주의가 실현된다. 이의 출발점이 헌법을 체화하고 이를 실천에 옮기는 것이다.

국립중앙도서관 출판예정도서목록(CIP)

(정종섭과 김중만이 함께 읽는) 대한민국헌법 / 글: 정종섭
; 사진: 김중만. — 서울 : 선, 2015
    p. :   cm

ISBN 978-89-6312-486-5 03360 : ₩25000

헌법[憲法]
대한민국 헌법(법률)[大韓民國憲法]

362.11-KDC6
342.519-DDC23   CIP2015013709

정종섭 과 김중만 이 함께 읽는
대한민국헌법 The constitution of Korea

글 정종섭 | 사진 김중만 | 발행인 김윤태 | 발행처 도서출판 선 | 북디자인 디자인이즈 | 등록번호 제15-201 | 등록일자 1995년 3월 27일 |

초판 1쇄 발행 2015년 6월 24일 | 주소 서울시 종로구 낙원동 58-1 종로오피스텔 1020호 | 전화 02-762-3335 | 전송 02-762-3371 |

값 25,000원 | ISBN 978-89-6312-486-5 03360